バルト海
ラトヴィア
リガ
クルゼメ
ゼムガレ
リエパーヤ
イェルガヴァ
ダウガヴァ川
ラトガレ
ダウガフピルス
クライペダ
シャウリャイ
ジェマティヤ
リトアニア
ネムナス川
ソヴェツク
カリーニングラード
ロシア
プレゴワ川
カウナス
アウクシュタイティヤ
ビリニュス
トラカイ
スウプスク
グディニア
グダンスク
エルブロンク
ヴァルミア
マルボルク
ヴィスワ川
ホイニツェ
スヴァウキ
オルシュティン
マズーリ
ヘウムノ
ビドゴシュチ
ノテチ川
トルン
ウォムジャ
ビャウィストク
ポドラシェ
ナレフ川
クヤーヴィ
グニエズノ
プウォツク
コウォ
マゾフシェ
ワルシャワ
ブク川
カリシュ
プロスナ川
ウッジ(ウーチ)
シェドルツェ
ブレスト
ピリツァ川
ラドム
ポーランド
ヴィエプシ川
ルブリン
ヘウム
チェンストホヴァ
キェルツェ
マウォポルスカ
サンドミエシ
オポレ
カトヴィツェ
ザモシチ
チェシン
クラクフ
オスドラヴァ
オシフィエンチム
タルヌフ
ジェシュフ
ヤロスワフ
プシェミシル
ノヴィ・ソンチ
ヴァー川
カルパティア
スロヴァキア
コシツェ
ウジホロド
西ドヴィナ川
ポラツク
ヴィツェブスク
ヴィリア川
ベレジノ川
オルシャ
ミンスク
フロドナ
マヒリョウ
ベラルーシ
スルーツク
ピンスク
プリピャチ川
トゥーロフ
ポレシア
スティル川
ホリン川
スルーチ川
チョルノービリ
(チェルノブイリ)
ヴォロディーミル
ルーツク
ヴォルイニ
リーウネ
コロステニ
ブク川
キーウ
(キエフ)
ジトーミル
ペレヤ
リヴィウ
テルノーピリ
ビラツェルクヴァ
フメリニツキー
イヴァノフランキフスキ
ポドリア
ヴィンニツァ
ウクライ
ドニエストル川
カムヤネツポジリシキー
コロミヤ
ホティン
ウマニ
ドナウ川
ブダペスト
デブレツ
ハンガリー
モルドヴァ
ティサ川
シレト川
ヤシ
キシナウ
(キシニョフ)
セゲド
オデー
ティミショアラ
シビウ
プルート川
ベルゴロド
トランシルヴァニア・アルプス
ベオグラード
セルビア
ドナウ川
ブカレスト
16°
20°
24°
28°
56°
52°
48°
44°

YAMAKAWA SELECTION

ウクライナ・ベラルーシ史

中井和夫 著

山川出版社

[カバー写真]
キーウ(ウクライナ)の中心に建つ聖ソフィア大聖堂

『山川セレクション　ウクライナ・ベラルーシ史』への序文

『ウクライナ史』の歴史は、「ウクライナ」の歴史に似ている。もともとはロシア史のなかに組み入れられ、その一部として書かれていた。たとえば、一九七九年に刊行された山川出版社の『世界各国史』の『ロシア史(新版)』(岩間徹編)では、キエフ・ルーシもボフダン・フメリニツキーもロシア史のなかで書かれている。「ウクライナ」という名称が、はじめて背表紙にはいったのが、本書の原書である『新版　世界各国史二〇　ポーランド・ウクライナ・バルト史』(一九九八年)である。それがロシア史から離れたときである。しかし、ロシアから離れたと思えば、今度はポーランド史の下におかれることになったのである。そして今回、ポーランドからも離れて、原書のウクライナ、ベラルーシに関する原稿に、あらたに序章とウクライナ、ベラルーシの現代部分を加筆したうえで、題名は『ウクライナ・ベラルーシ史』となった。いずれベラルーシ史も独立するだろう。

目次

山川セレクション

ウクライナ・ベラルーシ史

序章　自然と人々――土地と河川、山脈

地理と気候

ウクライナには地の恵みがある。黒土《こくど》(チョルノーゼム)である。黒海の北、ウクライナ南部のステップ地帯を東西に広がる腐食土である。黒土地帯は、シベリア―ウラル―ヴォルガ―クバン―ドン―ウクライナ―ドニエストル―ドナウ―モルドヴァ―ルーマニア―セルビアと、ユーラシア大陸を東から西へ一本の帯のように延びている。ウクライナの国土の四〇%が黒土である。黒土は中国の北東部や北米、南米、インドにもあるが、ウクライナのそれは幅広く深い。長い時間をかけて自然がつくりあげてきた豊かな大地が穀物を育てた。穀物が豊富に収穫できれば、人も家畜もふえ、豊かな食文化も開花する。しかし、豊潤な恵みは災いをも招く。ウクライナは、繰り返し東からの侵入者をむかえた。スキタイ、ポロヴェツ(チュルク系遊牧民、クマンともいう)、フン(中央アジアの遊牧民、五世紀にア

ッティラ王のもとで中央アジアから東ヨーロッパにまたがる大帝国をつくりあげた)、モンゴルなどである。もちろん、彼らは災いだけをもたらしたわけではない。たとえば、モンゴル人はセンサス(人口調査)を東欧に持ち込み、それをはじめておこなった支配者だった。

ウクライナの植生は北から、森林地帯、森林ステップ地帯、ステップ地帯に分類することができる。ステップ地帯は、ウクライナを北東から南西に走っているので、ウクライナの南部はステップ地帯である。キーウ(キエフ)の南一〇〇キロほどから広がっている。ウクライナの東部にはドネツィク(ドネツク)丘陵があるが、おおむね、ゆるやかな起伏に富んだ平原が広がっているが、場所によっては大きな段差になるところもある。キエフのヴォロディーミル丘からドニプロ(ドニエプル)の河川敷にあるポディル(下町)をみると、断崖から見おろしているようだ。河岸段丘の例である。実際、下から丘に登るフニクラ(ケーブルカー)が運行している。ドニプロ河は、川下に向かって右岸が高く、左岸が低くなっている。

ウクライナには湿地帯がある。ドニプロ河に注ぐ支流のひとつであるプリピャチ川の周辺で、ベラルーシ南部とウクライナ北部に広がっている。ヨーロッパ最大の湿地のひとつである。三分の一が松や白樺の林に覆われていて林業が盛んである。ヘラジカ、キツネ、クロライチョウ、鴨などが生息し、埋め立て地では、ライ麦や小麦、野菜などを栽培する農地が開発されている。一九九五年に、ラムサール条約登録湿地となった。

ウクライナの気候は温暖な大陸性気候であるが、クリミア半島の南岸は地中海性気候に近い。北部と西部は、冷帯湿潤大陸性気候で比較的降水量が多く、南東部は乾燥したステップ気候、クリミア半島は比較的温暖な温暖湿潤気候である。クリミアの最低気温は一月でマイナス六度、最高気温は八月で三二度で、年間降雨量は一四〇〇ミリである。その他の地域の降雨量は、北部と西部で多く、もっとも多いカルパティア地方では年間一二〇〇〜一六〇〇ミリ、南部と東部で少なく、もっとも少ない東部で年間三〇〇ミリである。キーウの最低気温は一月でマイナス九度、最高気温は七月で二六度、ハルキウの最低気温は一〜二月でマイナス七度、最高気温は七〜八月で二七度、リヴィウの最低気温一〜二月でマイナス四度、最高気温は七〜八月で二四度、オデーサの最低気温は一〜二月でマイナス五度、最高気温は七月で二七度である。冬の黒海沿岸は涼しく、内陸に行くほど寒くなる。

ステップは古来、遊牧民の往来するところであった。この地はポントス平原あるいはポントス・カスピ海平原とも呼ばれるが、それは紀元前三世紀に小アジアに成立したポントス王国領域に黒海北岸が含まれていたからである。ステップ地帯を初期に支配したのはイラン系の遊牧騎馬民族のキンメリア人である。スキタイの前、紀元前九世紀に南ウクライナの地にキンメリア人がいたことを、ホメロスとストラボンが記している。アゾフ海と黒海を結ぶケルチ海峡は、キンメリア・ボスポロスと呼ばれる海峡だった。ボスポロスとは「牛の渡り」という意味で、英語でいえば、オックスフォードである。それほど狭い海峡だったのである。

スキタイは初めアジアの遊牧民だったが、紀元前七～八世紀にキンメリア人の後に今のウクライナ南部ステップ地帯に移住してきた。スキタイのなかには、そこに住み着いて農業を営んだ者もいた。ヘロドトスがいう「農耕・農民スキタイ人」がスラヴ人の祖先だという説もある。スキタイは、金の装飾具を数多く残しているが、それらが発掘されたのはステップ地帯に数多くあるクルガンとかモヒラと呼ばれる墳墓からである。石や土で盛られた墳丘墓である。キエフの南一二五キロにある、リャザノフカ・クルガンは、紀元前三世紀のスキタイの族長の墓だと考えられている。一八四五年から四六年にかけて、考古学委員会に雇われた、美術アカデミーを卒業したばかりの詩人シェフチェンコは、ウクライナの調査旅行にでかけ、各地の墳墓（モヒラ）を写生して記録をした。シェフチェンコの詩、「暴かれたモヒラ（墳墓）」（一八四三年）では、愛するふるさと、ウクライナで、かけがえのないモヒラが掘り返されたことを詩人が悲しみにうちひしがれている姿が描かれている。

ウクライナには、二つの山脈がある。クリミア山脈とカルパティア山脈である。クリミア山脈は、クリミア半島の南部にあり、南西から北東に一八〇キロ延びている。最高峰はロマン・コーシュ山（一五四五メートル）で、そのほか一五〇〇メートルを超す山が四峰ある。クリミア半島は、幅五～七キロの細長いペレコープ地峡でウクライナのヘルソン州とつながっている。半島は、北部、中部のステップ地帯と南部の山岳地帯、および沿岸部に分けられる。ステップ地帯には古代スキタイ人の墳墓が点在している。沿岸には、ヤルタ、フォロスなどの海水浴場や保養施設が数多くある。

ヤルタには、チャーチル、ローズベルト、スターリンが集まったヤルタ会談のおこなわれたリヴァディア宮殿をはじめとするロシア帝国時代の宮殿がある。半島の南西の沿岸には、黒海艦隊の基地セヴァストーポリがあり、一八五四年のクリミア戦争時に激戦地となった。湾口は狭く、湾内の水深は深く、背後は山で、天然の良港である。クリミア半島の住民は、二〇〇一年の段階で総人口二〇三万三〇〇〇人のうち、ロシア人が五八・五%、ウクライナ人が二四・四%、クリミア・タタール人一二・一%、その他五%であった。そのうちクリミア・タタール人は、一九四四年五月にスターリンによって、中央アジア等に強制移住を余儀なくされた。その後、一九六〇年代後半以降、クリミア・タタール人のクリミア帰還が可能になり、一部が帰還している。クリミアは一九五六年、フルシチョフ第一書記のとき、ロシア共和国からウクライナ共和国に移管された。二〇一四年にクリミアはロシアによって、一方的に「併合」された。半島の東の端にケルチ海峡があり、対岸のロシア連邦クラスノダール地方のタマン半島のあいだを結ぶ、全長一八・一キロのクリミア橋がある。ヨーロッパでもっとも長い橋である。一八年に道路橋、一九年に鉄道橋が完成したが、二二年十月八日に爆発と火災が起こり、一時的に不通となった。

カルパティア山脈は、スロヴァキアの中程から北東に延び、ポーランドの南を東に進み、ウクライナにはいって南東に向きを変え、ルーマニア中部に達する全長一五〇〇キロの山脈である。最高峰はスロヴァキアにあるゲルラホフスカ山(二六五五メートル)である。ウクライナではもっとも西のザカルパッチャ州を通っている。この地方は、今はウクライナに属しているが、オーストリア、ポーランド、ハンガリーなどの統治下の時代があった。カルパティア・ルテニアと呼ばれたこともあった。ルシン人のウクライナからの独立運動もあった地方である。一九三九年三月十五日に「カルパート・ウクライナ」として独立を宣言したが、三日後にハンガリー軍によって全域を占領され、「三日間の独立」といわれた。第二次世界大戦後、ウクライナに併合された。カルパティアには、独特の文化を維持している「フツル」と呼ばれる山岳民がいて、その衣装や豊かなフォークロアが知られている。カルパティア山脈の一連の山脈のひとつにベスキード山脈があるが、そこには「ボイコ」と呼ばれる別の山岳民がいる。ザカルパッチャの州都はウージュホロドである。その他の都市にムカチェヴォがある。カルパティア山脈は、岩塩、天然ガス、石油、鉄鉱石などの鉱物資源を産出する。

地域の特色

ウクライナには、黒土と並んで、川の恵みがある。水運の利であるが、川は人や物だけでなく、文化も運ぶ。ウクライナを流れる川はすべて南流している。つまり黒海に注いでいる。ドニプロ河、そこに注ぐ、デスナ川とプリピャチ川、ドネツ川、南ブーフ川、ドニエストル川である。黒海は地中海につながっている。ギリシアの文化がこのルートで南西からウクライナにはいってきたのである。文字も宗教も、キエフの洞窟修道院もギリシアからやってきた。ギリシア人はクリミア半島や黒海北岸に植民市をつくって住み着いた。二〇二二年に黒海に面するマリウポリで戦いがおこなわれたが、そこには「ポントス・ギリシア人」と呼ばれるギリシア系の人々が二万人も住んでいた。

ウクライナの都市は古くから川沿いにつくられてきた。ドニプロ河には、キーウ、チェルカッスイ、クレメンチューク、ドニプロ(ソ連時代はドニエプロ・ペトロフスキー、ロシア帝国時代にはエカチェルノスラフ)、ザポリージャ、ヘルソンがある。川沿いの都市のなかには、両岸に同じような町がつくられることがある。双子都市と呼ばれるもので、キエフ・ルーシでは、イティリとノヴゴロドが代表的な都市である。ノヴゴロドは、川を挟んで商業地区と宗教地区に分かれていた。イティリは三つの部分から成っていたので、三つ子都市といったほうが良いかも知れない。

川沿いではない都市は、リヴィウなどがある。リヴィウは水源に乏しく、以前から断水が常態化している。井戸が掘られ、住民は毎日、湧水を汲みにでかけている。リヴィウはウクライナ西部、リヴィウ州の州都である。ポーランド語でルヴフ、ドイツ語でレンベルク、ロシア語でリヴォフと呼ばれ、ガリツィア(ハリチナ)地方の国際的な中心都市である。旧市街の歴史地区は石畳の道路が残っており、ユネスコの歴史遺産に登録されている。市内にあるリヴィウ大学は、ポーランド王ヤン二世によって一六六一年に創設された。ガリツィアは十三世紀にモンゴル軍に侵入された経験をしている。その後、ガリツィアは十四世紀から三〇〇年、ポーランド領となり、一七七二年の第一次ポーランド分割によって、オーストリア帝国領となった。一九一〇年、ガリツィア全体での民族構成は、ポーランド人四五・四％、ルテニア（ウクライナ）人四二・九％、ユダヤ人一〇・九％、ドイツ人〇・八％だった。これを東ガリツィアに限れば、ルテニア人六四・五％、ポーランド人二二％、ユダヤ人一二％だった。ガリツィアはウクライナのなかでもユダヤ人の多い地域であった。第一次世界大戦のとき、ガリツィアは一時ロシア軍に占領された。戦後、ガリツィア東部で、西ウクライナ人民共和国が独立宣言を発したが、ポーランドとの戦争に敗れ、ポーランド領のままとなった。西ガリツィアの中心都市は、ポーランドのクラクフである。リヴィウのある東ガリツィアは、第二次世界大戦により、ソ連邦のウクライナ共和国に編入され、現在にいたっている。

ハルキウ（ハリコフ）は、近くをハルキウ川とロパン川が流れる、キーウにつぐウクライナ第二の都市である。ロシア国境までおよそ三〇キロ、ロシア領内のベルゴロド市まで七〇キロの地にある。十七世紀中ごろにコサックが砦をつくり、そのあとロシア帝国の要塞として発展し、十九世紀には南にドンバスを擁する工業都市に成長した。一八〇五年に当時のウクライナで最初の西欧型大学であるハルキウ大学が設立された。十九世紀半ば、ハリコフ・ロマン主義の発祥の地でもある。一九一七年一月から三四年六月まで、ウクライナ共和国の首都であったが、四一年十月にナチス・ドイツ軍に占領された。四三年八月までにドイツ軍は撤退したが、その間、四二年五月と四三年二月の二度、奪還戦がおこなわれた。占領の期間に、住民三万人が処刑され、八万人が飢餓、寒さ、疾病で死亡した。さらに六万人が「東方労働者（オストアルバイター）」としてドイツに送られた。戦前ハルキウ市の住民は七〇万人だったが、解放された四三年八月には二〇万人まで減少した。市の七〇%が灰燼に帰した。

ドネツィクは、ウクライナ南部、ドネツィク州の州都である。カルミウス川河畔にある工業都市である。もともとアレクサンドロフカと呼ばれる集落だったが、十八世紀後半に、石炭の採掘が始まった。一八六九年にウエールズの実業家ジョン・ヒューズが製鉄所を建設し、ヒューズの名前からユゾフカ、一九二九年から六一年まではスターリノと呼ばれた。アゾフ海までおよそ一三〇キロの位置にある。近くに炭田と鉄鉱石の鉱山を擁し、二十世紀の始めには労働者を中心に五万人の大都市に発展した。独ソ戦で市内はほぼ完全に破壊され、人口は戦前の五〇万七〇〇〇人から戦後は一万七五〇〇人になった。第二次世界大戦後、「戦争賠償」として、ユーゴスラヴィア、ハンガリー、ルーマニアから青年がドネツィク再建と製鉄業の労働者として、強制的にこの地に送られた。スターリン批判後の一九六一年に、スターリノからドネツィクに改名された。現在でも石炭生産、鉄鉱石産出の中心地である。二〇一四年四月、親ロシア派により「ドネツク人民共和国」の設立が宣言された。ドネツィク市内は近代的なビルディングがそびえる街並だが、郊外には杏の木々が植えられていて、四月にはその淡いピンクの花からほのかに甘い香りが市内まで漂ってくる。

ポルタヴァは、ウクライナの中部ポルタヴァ州の州都で、ドニプロ河の支流ヴォールスクラ川河畔にある。一六四一年の史料に町の名前が登場する、コサックのポルタヴァ連隊の根拠地であった。大北方戦争(一七〇〇~二一年)の帰趨を決した、一七〇九年のポルタヴァの戦いの地である。近代ウクライナ文学の祖といわれる、イヴァン・コトリャレフスキーの出身地である。コトリャレフスキーは、一七九八年にヴェルギリウスの『アエネイス』のパロディー叙事詩『エネイーダ』の一部を発表した。これは、本営(シーチ)が粉砕されたあと、落ち延びたコサックの抱腹絶倒の放浪物語である。全章がハルキウで出版されたのは一八四二年のことだった。コトリャレフスキーは、ウクライナの最初の近代戯曲『ナタルカ・ポルタフカ(ポルタヴァのナタルカ、ナタリアの愛称)』を一八一九年に執筆し、二一年にハルキウで初演された。ミコラ・ルイセンコが作曲したオペラ『ナタルカ・ポルタフカ』は、八九年十一月にオデーサ(オデッサ)で初演された。ウクライナ語のポルタヴァ方言は、標準語と見なされている。

海岸にある都市の代表は、オデーサである。二〇二一年の人口は一〇〇万人を超え、ウクライナで三番目に大きな都市で、ドニエストル河口から北に三〇キロ、黒海に面した港湾都市である。エカチェリーナ二世の時代、一七九四年から港の建設が開始された。オスマン帝国領でハヂベイと呼ばれていたこの地が露土戦争によりロシア領となり、一七九五年にオデーサと命名された。一八〇三年にオデーサの長官に任命されたフランス人リシュリューのもとで発展し、さらに一八二三年にノヴォロシア総督となったヴォロンツォーフのもとで自由貿易港となり飛躍的に発展した。一八五三年から五六年にかけてのクリミア戦争では、英仏艦隊の砲撃により、ヴォロンツォーフ宮殿も被害を受けた。十九世紀末には、ロシア帝国のなかで、ペテルブルク、モスクワ、ワルシャワにつぐ第四の都市になった。ユネスコの世界遺産と危機遺産に同時に登録されている。十九世紀末の民族構成は、ロシア人四九%、ユダヤ人三〇・八%、ウクライナ人九・四%などであった。オデーサ出身者には、革命家のレオン・トロツキー、『オデッサ物語』を書いたイサーク・バーベリ、シオニズム運動の指導者ヴラディーミル・ジャボティンスキーなどがいるが、いずれもユダヤ人である。

クリミア半島西南、セヴァストーポリ港の近くに古代のギリシア人植民市であったヘルソネスの遺跡がある。九八八(あるいは九八六)年にこの地でキエフ・ルーシのヴォロディーミル大公が洗礼を受け、キエフに帰ったのち、貴族をはじめとして住民に洗礼を受けさせた、と伝えられている。その時、異教の神ペルーンの像がドニプロ河に投げ込まれたという。キエフ・ルーシのキリスト教化である。その地には聖ヴォロディーミル大聖堂が建てられている。

ウクライナの国境の特徴

ウクライナの国境線は、かつてひとつのまとまった地域を分断して引かれているところがある。東のドンバス地方では、東ドンバスがロシア領、西ドンバスがウクライナ領になっている。西のガリツィア地方では、東ガリツィアがウクライナ領、西ガリツィアがポーランド領になっている。この分断は、紛争を誘発する可能性があるし、ドンバスでは、それが現実のものとなっている。

ククテニ＝トリピッリャ文化

ウクライナの豊かな黒土は古くから農業を発展させた。ククテニ＝トリピッリャ（トリポーリエ）文化と呼ばれるものである。トリピッリャは三つの畑という意味で、三圃制がいつの時代からかおこなわれていたことを示している。ククテニは、ルーマニアの村の名であるが、この文化は新石器時代後期の東ヨーロッパの文化で、ルーマニアからモルドヴァを通ってドニプロ河にいたる地方で、紀元前五五〇〇年〜二七五〇年ころに栄えた。農耕と牧畜を中心として、狩猟や漁業も盛んにおこなわれていた、と考えられる。独特な文様が描かれた彩色土器（彩陶）や女性型土偶が発掘されている。これは豊穣の女神と解釈され、東スラヴ民族の地母神信仰の象徴と考えられている。ククテニ文化は、「クルガン文化」を担う民族が東からやってきてこの地を征服する前の文化である。ウクライナのトリピッリャと一連のつながった文化としてククテニ＝トリピッリャ文化と呼ばれるようになった。

ウクライナの作物は、小麦、大麦、からす麦、ひまわり、菜種、ジャガイモ（十八世紀以降）などである。アメリカ農務省発表の数字で、ウクライナの農産物（二〇二一〜二二年）を生産量の多い順にあげると、トウモロコシ（二五〇〇万トン）、ジャガイモ（二〇一七年、二二二〇万八二〇〇トン）、小麦（二一五〇万トン）、ひまわり（種、オイル、粕、合計で一七五一万トン）、大麦（五七〇万トン）、菜種（三二〇万トン）、ライ麦（二〇二〇年、四五万六七八〇トン）、蕎麦（二〇二一年、一〇万五七八〇トン）である。輸出量の多いのは、小麦（一〇〇〇万トン）、トウモロコシ（九〇〇万トン）、ひまわり（種、オイル、粕、合計で七〇五万トン)、大麦(一八〇万トン)、蕎麦(一〇一六トン)である。世界の輸出量のうち、大麦は第三位、トウモロコシは四位、小麦は五位、ひまわりの種は九位、ひまわりのオイルと粕はともに一位である。農産物の輸出先(二〇二一年)は、欧州連合(EU、七七億ドル)、中国(四二億ドル)、インド(二〇億ドル)などとなっている。小麦と大麦の収穫は七月と八月、ひまわりは九月と十月、トウモロコシは九月から十一月である。ライ麦は、二〇〇一年には、一八二万二〇〇〇トンあったが、二一年は六〇万トン、二二年は二八万五〇〇〇トンに減少している。ウクライナはヨーロッパの「パンかご(穀倉地帯)」と古くから呼ばれていた。しかし、輸出先をみると、ヨーロッパだけではないことがわかる。その輸送はおもに黒海の港から大型船舶によっておこなわれるが、二二年には戦争の影響で、搬出に支障がでた。農業政策・食糧省第一次官タラス・ヴィソツキーは、二二年の穀物生産は戦争中にもかかわらず、独立後三〇年で一番の豊作の年になるだろう、と述べた。

ウクライナには多くの民族が住んでいたし、今も住んでいる。二〇〇一年の国勢調査によると、総人口は、四八四五万七一〇〇人で、そのうちウクライナ人七七・八%、ロシア人一七・三%、ベラルーシ人〇・六%、モルドヴァ人〇・五%、クリミア・タタール人〇・五%、ハンガリー人〇・三%、ルーマニア人〇・三%、ポーランド人〇・三%、ユダヤ人〇・二%、アルメニア人〇・二%、ギリシア人〇・二%、タタール人〇・二%などという内訳になっている。母語の調査をみると、ウクライナ人のうちロシア語を母語(第一言語)とする者が一四・八%、ロシア人でウクライナ語を母語とする者が三・九％であった。

歴史的に重要な日

ウクライナの歴史のなかで重要な年、日付をあげると、第一に九八八（九八六）年キエフ大公ヴォロディーミルがキリスト教受洗をした年、第二にモンゴル軍の来襲でキエフが陥落した一二四〇年十二月十六日、第三に一六五四年一月八日（旧暦・ユリウス暦、新暦・グレゴリウス暦では一月十八日）、コサックのヘトマン、ボフダン・フメリニツキーがロシアを宗主国とし、臣従を表明したペレヤスラフ協定調印の日。第四に一七〇九年六月二十七日（新暦七月八日）、コサックのヘトマン、イヴァン・マゼッパがポルタヴァの戦いで、ピョートル一世（大帝）に敗北した日。第五は二十世紀にはいって一九一八年一月二十九、三十日（新暦）、キエフから一三〇キロのクルティ駅周辺で、ソヴェト・ロシア軍四〇〇〇人と、ウクライナの学生を主体とする中央ラーダ部隊五〇〇人が戦い、学生部隊の半数が戦死したクルティの戦いの日。そして第六は大飢饉の一九三二年から三三年。第七は一九四一年六月二十二日、独ソ戦開始の日。第八は、一九八六年四月二十六日のチョルノービリ（チェルノブイリ）原発事故。第九は一九九一年八月二十四日、ウクライナ独立の日。そして最後は二〇二二年二月二十四日、ロシア軍侵攻の日である。ペレヤスラフ協定は、臣従を決めたのであって、戦って敗れたわけではないが、マゼッパ、クルティはウクライナ側の戦争での敗北である。飢饉とチョルノービリも戦争ではないが、ウクライナに大きな被害をもたらした。直近のロシアとの戦争は終わっておらず、本稿執筆時の二〇二三年三月時点においても続いている。

ウクライナ史は敗北の歴史だといえるかもしれないが、「ウクライナ未だ死なず……我らコサックの生まれ(ウクライナ国歌)」を、ウクライナの人々は、ミサイルが飛ぶ空の下で、あるいは地下シェルターのなかで、歌っている。「幸せな民族は歴史をもたない」といわれるが、ウクライナは歴史に満ちあふれている。

第一章　キエフ・ルーシ

1　キエフ・ルーシの建国とその社会

ルーシ商人団

キエフ・ルーシの建国をめぐっては、十八世紀以来、ロシアの内外でノルマン説とアンチ・ノルマン説が論争を続けてきた。ノルマン説はキエフ・ルーシの建国者がノルマン人、すなわち北欧のスカンディナヴィア系ヴァイキング、ロシアでヴァリャーグと呼ばれる人々であった、とする説であり、アンチ・ノルマン説はこれに反対し、キエフ・ルーシの建国者をスラヴ人とする説である。

ノルマン説をロシアで最初に発表したのは、ロシア帝国アカデミーのお雇いドイツ人の歴史家ゲルハルト・ミュラーである。彼は一七四九年九月六日、ペテルブルクのロシア帝国アカデミーで「ロシアの名の起源について」と題する講演をおこなった。そこでミュラーは、一〇年程前に発見された中世フランク王国の『ベルタン年代記』を紹介し、ルーシから西方にやってきたルーシ使節団のメンバーの多くがスカンディナヴィア系の名前であったことを根拠に、キエフ・ルーシの支配者がノルマン人であると結論した。講演会は途中からやじと怒号につつまれ、ミュラーは講演途中で壇上からひきずりおろされてしまった。輝かしいロシア帝国につながるキエフ・ルーシの建国者が外国人である、という話はロシア民族にたいする悪意ある侮辱である、と受け取られたのである。ついでながらミュラーはシベリア流刑となり、シベリア研究に専念するよう命令されたが、いずれにしてもこの日がノルマン説とアンチ・ノルマン説の長きにわたる論争の最初の日となった。

九世紀のバグダードに、イブン・フルダーズビフという名のアッバース朝の政治家がいた。カリフにつぐナンバー・ツーで、今でいえば大蔵、外務、通産の兼任相であった彼は詳細な業務日誌を残している。そこにはアッバース朝周辺で活動している国際的商人団が二つあげられている。ひとつはユダヤ人商人団ラダニヤであり、もうひとつはキリスト教商人団ルーシである。彼らの扱う主要な商品は奴隷であった。フルダーズビフによると二つの国際商社の本拠地はいずれも現在のマルセイユに近い南フランスであった。ラダニヤは西暦七五〇年ころから奴隷貿易に従事しており、ルーシは五〇年程遅れて八〇〇年ころから奴隷貿易に参画した、と書かれている。

六五〇年に成立したアラブ帝国は、七一一年にジブラルタルを渡ってスペインに進入、ピレネー山脈をこえてフランクにはいったが、七三二年トゥール・ポワティエで敗北し、西への進出は終わった。

東は中央アジアまで進んだが、七五一年タラス河畔の戦いを機に東への進出は終わり、一〇〇年間におよんだアラブの征服戦争は終了した。征服戦争の終わりはアラブ帝国にエネルギー危機をもたらした。エネルギーとは奴隷である。あらたに奴隷を獲得する地域は現在の南ロシア、ヴォルガとドン両川の流域、イティリを首都とするハザール・ハン国の地であった。この地域はアラブでは、サクラービヤ、つまり奴隷(サカリーバ)の地と呼ばれたのであった。

アラブ帝国の成立以来、地中海は南のイスラムと北のキリスト教に二分され、ムスリムもキリスト教徒も地中海を安全に航行することはできなかった。啓典の民としてユダヤ人だけがここを安全にゆきかうことができた。イティリに向かうラダニヤがルーシより早く奴隷貿易に従事することができた理由である。地中海を通れぬルーシは別ルートを開拓せざるをえなかった。彼らは北に向かい、バルト海から東に進み、ヴォルガの北端から南下し、ハザール・ハン国へ向かったのである。途中でいくつもの拠点を建設し、現地の人をリクルートしながら進んだので、ラダニヤより五〇年程遅れをとったのである。

キエフ・ルーシの建国

この間にラダニヤはハザール・ハン国との関係を密接なものとし、多くのユダヤ人商人が国内に住み着いた。ハザールの貴族のなかにしだいにユダヤ教に改宗するものがふえ、ついに八三五年ころハザールの貴族のハン（汗）にたいする反乱（有力貴族の部族名からカバール革命と呼ばれる）が起こり、ハザールのハンは家族とともにヴォルガのロストフの地に亡命した。このロストフはルーシ商人団がハザール・ハン国の外に築いた根拠地のひとつである。ここでルーシ商人団の長の娘とハザール・ハンの息子との婚姻がおこなわれた。こうしてルーシ・ハン国が成立したのである。

これまでキエフ・ルーシの公、たとえばヴォロディーミル（ヴラジーミル）がビザンツなど西側の文献で時に、ハン（汗）とかカガン（可汗）というトルコ系の呼び名で呼ばれていることがうまく説明できなかった。トルコ史の常識ではハンと呼ばれるのはハンの息子のみである。あのトルコ族の英雄ティムールでさえ最高の称号は「ハンの娘婿」である。四〇年程前、十世紀のハザール文書が発掘・解読され、カバール革命の存在、ハン一族の亡命、ルーシ商人団との婚姻関係の成立といった事情が明らかになって、その謎は解けた。ルーシの支配者は、ハザール・ハン国のハンの直系男子であるから、国際的にハンあるいはカガンと呼ばれて不思議はないことになる。のちに、キエフ・ルーシがハザール・ハン国を滅ぼすことになるのも、また、ヴォロディーミルがキエフ・ルーシにキリスト教を正式に導入する以前からキリスト教信仰がはいっていた（たとえばヴォロディーミルの祖母のオリガ）のもうなずける。

当時、この地域で帝国としての地位を認められていたのは、ビザンツ帝国、アラブ帝国（アッバース朝）、それとハザール・ハン国の三つであった。キエフ・ルーシのヴォロディーミルに嫁いだのは

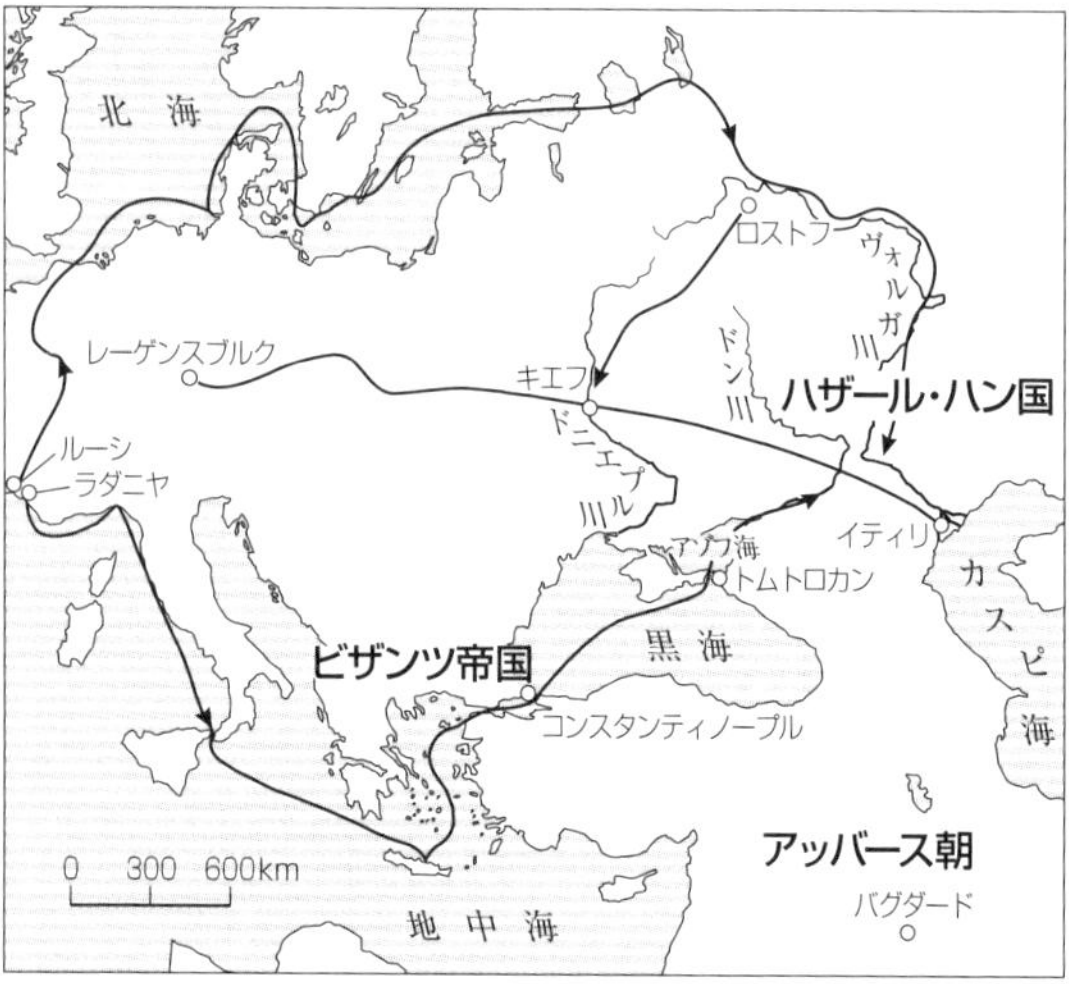

ルーシとラダニヤの本拠地からハザール・ハン国への交易ルート（9世紀）

ビザンツの皇女アンナであった。アンナはその前にドイツのオットー二世に求婚されたことがあるが、これをすげなく拒否している。理由は格が違うというものであった。そのアンナがヴォロディーミルに嫁いでいることはビザンツとキエフ・ルーシの格が違わなかったことを示している。それはルーシがハザール帝国の後継者であるからであった。

　ルーシが活動拠点をヴォルガ・ルートからドニエプル（ドニプロ）・ルートに移すことになるのは九世紀後半から十世紀初めにかけてである。そのきっかけになったのは、八六三年のビザンツとアラブの東地中海における海戦である。それまでビザンツはアラブに敗北し続けていたが、この海戦ではじめてギリシア火（一種の火炎放射器）を用い、アラブ艦隊を撃滅した。これ以降、コンスタンティノープルの中継貿易地としての重要性が飛躍的に増し、南北のルートとしてドニエプル・ルートが盛んに使われるようになった。また以前からハザールの首都イティリと東フランクの都レーゲンスブルクを結ぶ陸路のルートも存在した。このドニエプル・ルートと陸路の交差する地点がキエフ(もともとは、ハザールの将軍クイ Ky の砦 yava からついた名前)である。こうして九世紀終わりごろ、キエフ・ルーシが成立することになる。

このようにキエフ・ルーシ建国の歴史を顧みると、建国者は北回りルートでスカンディナヴィア方面からヴォルガ川を南下してきたルーシ商人団とハザール・ハン国のハン一族であった、ということになる。

のちに書かれた『過ぎし年月の物語』(『原初年代記』)によれば、ポリャネという氏族に三人の兄弟がいた。キー、シチェク、ホリフで妹はルィベヂであった。町をつくり、キエフと呼んだ。八六二年(人々は)海の向こうのヴァリヤギのルシのもとに行き、「私たちを統治するためにきてください」と招いた。招致伝説である。リューリクがノヴゴロドにきて公となった。八七九年、リューリクが死に、リューリクの一族、オレーグが八八二年に、キエフの支配者であったアスコルドとジルを殺してキエフを占領した。それを継いだのがリューリクの子と伝えられるイーゴリであるが、彼はドレヴリャネ族にたいする徴税遠征の最中に戦死し、キエフの大公はイーゴリの妻オリガを摂政とした息子スヴャトスラフに受け継がれた。スヴャトスラフは、ハザールやブルガリアなどへの遠征を繰り返したが、遊牧民ペチェネグに殺された。キリスト教(正教)を国教化したその子ヴォロディーミル聖公から孫のヤロスラフ賢公の時代がキエフ・ルーシの最盛期といえる。リューリク(エリック)、イーゴリ(イングヴァル)、オリガ(ヘルガ)は、スカンディナヴィア系の名で、スヴャトスラフ、ヴォロディーミル、ヤロスラフはスラヴ系の名である。ウクライナの国章トリズブ(三叉戟《さんさげき》)はヴォロディーミル聖公以来、使用されてきた。

　青と黄の二色旗もヴォロディーミルの時代から使われ、コサックも使用したが、中央ラーダ政府が国旗として制定した。

キエフ・ルーシの社会

　キエフ・ルーシの権力は基本的に市会《ヴェーチェ》と公《クニャージ》の手に握られていた。キエフ・ルーシは、諸公国の連合体であったが、市会と公のどちらが強い権力をもっていたかは、公国によって異なっていた。公国はゼムリャー(土地)と呼ばれ、その中心の町はゴロド(都市)、農村部はヴォロスチと呼ばれた。市会の議長は、公代理《ポサードニク》か教会の代表(キエフでは府主教、その他の都市では主教)が務めた。公の施策そのものを問題にする場合を除いて、公自身も市会に出席することができた。市会は直接民主制で、市の自由民の成年男子(戸主および独身)が投票権をもっていた。女性は出席することも許されなかった。市会における決定は全員一致が原則で、少数派は多数派に従うことが強制され、時には実力行使もおこ

ソフィア大聖堂　1037年，ヤロスラフ賢公によりポロヴェツに勝利したのを記念して建立されたビザンツ様式の大聖堂。鐘楼の頂点は今なおキーウで一番高い所。

なわれた。市会は公の後継者を決める場合に発言権を有しており、時には最高裁判所の役割もはたした。市には財政を司る財政官がいた。

　農村部の支配は、通常、公の代理がおこない、ティシャツキー(千戸官)、ソーツキー(百戸官)、デシャツキー(十戸官)が農村で徴税等にあたった。ティシャツキーは市会によって任命される場合もあった。

　キエフ・ルーシにおける国庫収入源は、(1)貢税、(2)関税、(3)裁判による罰金、であった。貢税は征服した農村部に課されるもので、課税単位は鋤《すき》であった。これは都市部および高位の身分の者には課されなかったので、税負担はほとんど農村にかかっていた。裁判で決定した罰金の徴収にはヴィルニクと呼ばれる専門官があたった。

　キエフ・ルーシの軍隊組織には三種類のものがあった。第一に、ドルジーナと呼ばれる、公の親衛隊である。これは数百人からなるエリート集団である。第二にヴォイと呼ばれる、都市と農村から動員される部隊がある。これはひとたび戦争となるとそのつど動員され、武器、馬などは国から支給される。この軍隊は一万五〇〇〇人から多くても三万人をこえない規模である。第三に、公が傭兵として雇う遊牧民の軍隊がある。ドニエプル右岸で伝統的にキエフ・ルーシに雇われていたのは、チェルニエ・クロブキ（黒い頭巾の意味）と呼ばれたトルコ系の遊牧民であった。平時に彼らは遊牧地を与えられていたが、その地がチェルノブイリ（チョルノービリ）である。左岸では、ポロヴェツ（クマン）の独立部隊が雇われることが多かった。

キリスト教導入後のキエフ・ルーシは、コンスタンティノープル総主教のもとのひとつの府主教座に属していた。ビザンツ帝国では皇帝教皇主義、つまり教皇は皇帝の臣下であったため、かたちのうえでは、キエフ・ルーシはビザンツ皇帝の主権下にあるという矛盾をつねにかかえていた。およそ一二〇〇年ころ、キエフ府主教座には一五の主教座が存在していた。府主教は総主教によって任命され、通常はギリシア人であった。主教は各地で推薦された三人のなかから府主教が任命するのが通例であった。主教の多くは地元出身者だった。教会の人々は、黒（の聖職者）と白（の聖職者）に分かれていた。黒は修道僧であり、白は司祭、輔祭《ほさ》である。主教以上になれるのは修道僧のみであり、司祭は結婚することが許されていた。教会の収入は十分の一税と信徒の寄付であり、通常広大な領地を有していた。キエフでは、一〇五〇年ころからビザンツ・タイプの修道院が発展したが、そのなかでもっとも重要なのは、キエフの洞窟修道院で、文化と教育の中心として栄えた。

キエフ・ルーシの社会は複雑な身分に分かれた社会であった。公とその一族の下に、ボヤールと呼ばれる貴族層がいた。貴族層の一番上に位置するのが、親衛隊ドルジーナである。ドルジーナは、貴族を含むすべての自由民の子弟から選抜されたので、身分制の厳しいキエフ・ルーシにあって身分の流動を可能にする存在であった。ドルジーナの下に位置するのが、ムージと呼ばれる都市住民、商人である。さらにその下に地主層リュージがいる。ここまでが貴族である。その下に普通の自由農民スメルディがいる。さらにその下に四つの階層からなる不自由民が存在する。チェリャージは半奴隷といわれ、都市の職人などがこれに含まれる。ザクープは年季奉公の労働者であり、イズゴイは解放奴隷、あるいは教会領に逃げ込んだ奴隷のことであり、最後にラブィ奴隷が最下層に存在した。人々の社会的地位は同一犯罪にたいする罰金の違いに示されている。たとえば、公への傷害の罰金は、ドルジーナで八〇グリヴナ、ムージ、リュージで四〇グリヴナ、女性二〇グリヴナ、スメルディ、チェリャージ五グリヴナ、奴隷は死刑となっていた。

キエフ・ルーシにおける女性の地位は、市会に出席できないとはいえ、それほど低いものではなかった。女性は自分の名義で土地・財産を所有することが法的に認められており、亡くなった夫の財産を相続することができた。また農民の家族を除いて娘にも息子と同等の相続権が保障されていた。

キエフ・ルーシの初期の時代には、犯罪にたいしては体罰による復讐法がおこなわれていたが、ヤロスラフとその子イジャスラフの時代に、罰金にかえられた。体罰は奴隷にたいしてのみ適用された。裁判では必ず証人あるいは証拠の提示が必要とされた。判決による罰金は上述のヴィルニクが徴収に赴いた。窃盗にかんしては、簡便な方法がとられ、盗みの被害にあった者は、それを町の市場で広告し、その日から三日以上へて盗品を所持している者が犯人とみなされた。

キエフ・ルーシの経済

キエフ・ルーシの経済発展の基盤は、農業と外国を含む交易にあった。交易に重要な役割をはたしたのは、河川のネットワークであった。河川は交易路としての役割だけでなく、植民のルートとしても使われた。都市、農村ともに多くの集落は川沿いにつくられていった。

紀元一〇〇〇年ころのキエフ・ルーシの人口はおよそ四五〇万人程度と考えられている。ほぼ同じころのビザンツ帝国が二〇〇〇万、フランスが六五〇万、イングランドが一五〇万である。農村部の集落は四戸から八戸が標準で、一戸の家族は四人から五人であった。農村の集落数は一〇万から二七万五〇〇〇と推定されている。

農業は、当初焼き畑農耕がおこなわれていたが、十一世紀初めころから二圃制、三圃制が導入され、生産性が向上した。土地は、もともと肥沃な黒土(深さ一・五メートル)で、生産性が高かった。主要な穀物はライ麦であった。農家一戸の平均農地はほぼ四キロ平方であったと考えられている。公の一族、貴族、教会による大土地所有はキエフ・ルーシの時代が下がるにつれて拡大し、一二〇〇年ころには、農地の三分の二を占めるにいたった。大きな所領のなかには五〇もの村を有するものもあらわれた。牧畜も重要な産業であった。とくに馬は、耕作、輸送、戦闘に利用されるもっとも重要な家畜だった。羊は家畜総数の三分の一、豚は家畜総数の五分の二を占めていた。狩猟は、食料(鹿、野牛、熊)になったほか、重要な輸出品(テン、クロテン、狐、リス)となった。漁業が重要な産業となったのは、キリスト教導入以降である。チョウザメ、川カマス、ニシン、鯉、鮒などの名が史料に登場する。その他養蜂業も早くからおこなわれており、蜂蜜と蜜ロウは重要な輸出品であった。とくに蜜ロウは教会のロウソクとして需要が高かった。

十世紀のキエフ・ルーシには二五の都市が数えられた。およそ一一〇〇年にはこの数は一〇〇にふえ、一二〇〇年には二二五となっていた。都市は城壁に囲まれたポリスタイプのものが多かったが、南のステップ地帯に近づくに従って、要塞化したものがふえた。多くの都市は住民一〇〇〇人以下の小さなものだったが、二つの大都市が存在した。そのひとつキエフは一一〇〇年ころ、四万の人口を誇っていた。もうひとつはノヴゴロドで、二万から三万の人口だった。ほぼ同じころの大都市の人口を比較するためにみてみると、コンスタンティノープル七〇万、パリ一五万、ヴェネツィア一五万、ロンドン四万である。キエフ・ルーシのその他の大都市は、チェルニゴフ(チェルニヒフ)、ペレヤスラフ、ハーリチ(ハリチ)、ヴォロディーミルなどである。都市では手工業職人がさまざまな製品を生産していたが、とくに鍛冶、武具生産が重要産業であった。

キエフ・ルーシは国際貿易の中継地として栄えたが、この時代は地中海貿易の時代であり、主要な貿易品は毛皮などの贅沢品と奴隷であった。キエフ・ルーシの末期十三世紀になると国際貿易の主流はバルト海貿易に移行し、扱う商品は、贅沢品ではなく大量の大衆的日用品（木材、穀類など）となる。奴隷はもっとも重要な輸出品のひとつであった。キエフ・ルーシの時代、諸公間のたえまない内紛と、諸公とステップ地帯のポロヴェッツ人とのあいだの戦闘が繰り返されるが、こうした内紛や戦闘の主要な原因は奴隷の獲得をめぐる対立である。交易相手としては、コンスタンティノープルが最大であるが、一一〇〇年ころまではクリミアに近いヘルソンを通じて、イタリア商人なども交易のパートナーであった。

キエフ・ルーシは貨幣経済の国であった。貨幣として使われたのは、北部では毛皮《クヌイ》、南部では家畜である。全土を通じて銀のインゴット（鋳塊）と外国製の貨幣が流通していた。銀の鋳棒はグリヴナ（フリヴニャ）と呼ばれ、一本一ポンド（四五四グラム）の単位で、もっともポピュラーな貨幣として広く使われた。外国製の貨幣では、およそ一〇〇〇年ころまでは、アラブ銀貨ディルヘムが流通し、一一〇〇年ころからはドイツ銀貨デナーリイがそれに取ってかわった。一〇〇〇年から一一〇〇年のあいだ、キエフ・ルーシでは独自の銀貨鋳造の試みがなされたが、結局銀の産出が乏しかったために失敗に終わった。キエフ・ルーシが貨幣経済の国であったことを示す、もうひとつの根拠は債務の利子を示す史料が残っていることである。利子率は大体、二〇%から四〇%のあいだにあった。ちなみに十一世紀のビザンツにおける利子率は五・五%から八%のあいだにあった。

2　キエフ・ルーシの衰退とモンゴル支配

キエフ・ルーシの衰退

キエフ・ルーシ衰退の大きな原因は二つある。ひとつは諸公の争いであり、もうひとつはポロヴェツを中心とするステップ地帯の遊牧民との争いである。

キエフ・ルーシでは伝統的に、末子相続、ついで兄弟相続がおこなわれていた。末子相続の場合には兄弟の争いが、兄弟相続の場合には伯(叔)父と甥の争いが避けられなかった。このため、諸公はキエフ大公位をめぐって争いを繰り返し、諸公国の自立化が進んだ。ヤロスラフ賢公は、晩年、キエフ大公位の長子相続を指示し、兄弟間の争いをいましめ、分与された都市や領域を互いに尊重し合うように訴えたが、諸公国の自立傾向をおさえることはできなかった。

キエフ・ルーシ中興の祖ともいうべきヴォロディーミル・モノマフ大公が没した直後の、一一三〇年から四〇年ころが、キエフ・ルーシの歴史にとって転換点となった。それまでこの国家はキエフとキエフ大公を中心とする政治的統一体としての体裁をかろうじて保持していたが、それ以降は、諸公国の自立化は歯止めがかからなくなり、キエフ市自体が諸公によって攻撃され、略奪・破壊を受ける状況となり、キエフ大公もつぎつぎにかわり、その権威は失われていった。

大公をはじめとするキエフ・ルーシの諸公は、通商路、交易品の獲得をめぐって、遊牧民族との戦いを繰り返したが、一方で彼らの軍事力を利用し、時には政略結婚さえした。しかし、ペチェネグ(十世紀から十一世紀後半)、ポロヴェッ(十一世紀後半から十二世紀)がキエフ・ルーシにとって、最大の強敵であったことに変わりはない。現在、キーウに残る最古の建築物であるソフィア大聖堂は、ヤロスラフがポロヴェッに勝利したのを記念して建築されたものである。また、キエフ・ルーシが残した最大の文学『イーゴリ軍記』(『イーゴリ遠征物語』)は、ノヴゴロド・セーヴェルスキーの公であったイーゴリが、ポロヴェッのコンチャク・ハンとの戦いで捕虜になる話である。『イーゴリ軍記』が書かれた時と著者については議論があったが、「偽書摘発の名人」ハーバード大学のエドワード・キーナン教授が、チェコの文献学者で歴史家のヨゼフ・ドブロフスキー(一七五三〜一八二九)の作品であると、二〇〇三年の著作で主張した。この遊牧民との戦いおよび諸公の内紛による戦乱が、都市および農村を荒廃させ、多くの者が北東部に移り住む原因となった。農村部では、耕地が荒らされ、略奪を受け、奴隷として連れ去られる恐れがつねにあった。遊牧民の攻撃にさらされた南部の都市も事情は同じであった。

こうした四分五裂、国力の低下という状況のとき、モンゴル軍がキエフ・ルーシにあらわれたのである。テムジン（チンギス・ハン）率いるモンゴル軍は、十三世紀の前半に東ヨーロッパから中国にいたる、歴史上最大の帝国をつくりあげた。当時のモンゴルの人口はおよそ一〇〇万、実働軍はおよそ一三万といわれているので、驚異的な征服作業といわねばならない。それには中央アジアで活動していた商人たちの、とくに情報収集における協力があったことが知られている。

すべてのルーシの地は一二三七年から四〇年のあいだの三年間にモンゴル軍によって征服された。リャザン公国は一二三七年十二月二十一日に最初に陥落した。モンゴル軍がリャザンを攻撃したとき、他の公国は一切援軍を繰り出さなかった。これは、諸公国が対立していたこと、さらにモンゴル軍がそれを知っていたことを意味している。キエフは一二四〇年十二月六日に陥落した。モンゴル軍の戦闘技術は、ルーシ諸公のそれを遥かに上回っていた。迅速な軍隊の移動、事前の偵察とプロパガンダの技術、きわめてよく組織されたシグナルと情報の伝達法など、それまでルーシの地における戦闘では知られていないものばかりであった。また、モンゴル軍の司令官は戦闘の場で先頭に立つことはせず、後方の高地から全体を見渡して指令を送るのが常であった。

モンゴル支配

ルーシの地は、テムジンの長男ジュチ、さらにジュチの次男バトゥの支配する領域、キプチャク・

ハン国の支配するところとなり、首都はかつてのハザール・ハン国の首都イティリがあったヴォルガ下流におかれ、サライと名づけられた。そのため、ふたたびヴォルガ川が国際貿易のルートとして復活することとなった。これは、ヴォルガ・ルートと、当時ハンザによって主導され盛んになってきていたバルト海貿易を結ぶ位置にあった北方のノヴゴロド市の重要性を増す結果ともなった。モンゴル支配層は数的にも少数であり、かなり早い時期にイスラム化し、トルコ化した。彼らのことをタタールと呼ぶ。

キプチャク・ハン国のルーシ支配の目的は徴税と徴兵であった。モンゴル人はそのために、ユニークな方法を導入した。それはセンサス（人口調査）である。ルーシの地における最初の（東欧・ロシアではじめての）人口調査は、一二四五年におこなわれ、第二回が一二五八〜六〇年に、第三回目が一二七四〜七五年におこなわれた。人口調査は人々が野外にでることの少ない厳冬期におこなわれ、人口調査台帳は二部つくられ、一部はモンゴル帝国の首都カラコルムに、もうひとつはサライに送られた。徴税・徴兵のために人口調査をするという方法は、中国で古くからおこなわれていたもので、モンゴル人は中国からそれを学んだのであった。これ以外にモンゴル人がルーシの地に持ち込んだものがある。それは方角を色で呼ぶ方法である。ルーシの南の地域（現在のウクライナ西部）を赤ルーシ、西方を白ルーシ（現在ベラルーシという呼び名で残っている）、北を黒ルーシ（のちのモスクワ周辺）と呼んだのはモンゴル人である。東は青で、キプチャク・ハン国の中心は黄金である。これも中国人から学んだものである。ルーシの住民は、都市民（商人、職人）、遊牧民、農民の三つのカテゴリーに分けられ、いずれも納税の義務をおった。これ以外に、ルーシの諸公で支配の継続を許された者は、ヴィホドと呼ばれる税を納めなければならなかった。

モンゴルのルーシ支配の様式は多様であった。ある所では、ルーシの公を温存し、モンゴルの行政官ダルーガと共同で支配させた。またある所は、ルーシの公を廃し、直接統治をおこなった。さらに、特殊な例として、ノヴゴロドや、ジェノア商人の港カーファ、ヴェネツィア商人の港ターナなどでは、納税義務のみを課して行政官をおかず、自治にまかせた所もある。共同支配の地のなかでモスクワがしだいに力をつけ、モンゴル支配の重要なパートナーとなっていく。直接支配の地はチュメン（一万を意味する）と呼ばれる単位に分割され、アタマンを長に、ソトニク（百人長）、チューン（裁判官）と呼ばれる役人を配し、徴税等にあたらせた。直接統治の地はポドリアとペレヤスラフを除けば、南部やクリミアが中心であった。

キエフ、チェルニゴフ（チェルニヒフ）、ペレヤスラフといったキエフ・ルーシの中心的都市は、モンゴル時代、その人口も急激に減少し、その地位を低下させていった。辺境を意味するウクライナという呼称もモンゴル時代に登場したものである。再興したヴォルガ・ルートから離れ、キプチャク・ハン国の首都サライからも遠いこの地域がウクライナと呼ばれるようになったのである。キエフは十三世紀後半にはみるかげもない寒村と化していた。左岸の中心都市だったペレヤスラフの主教座は一

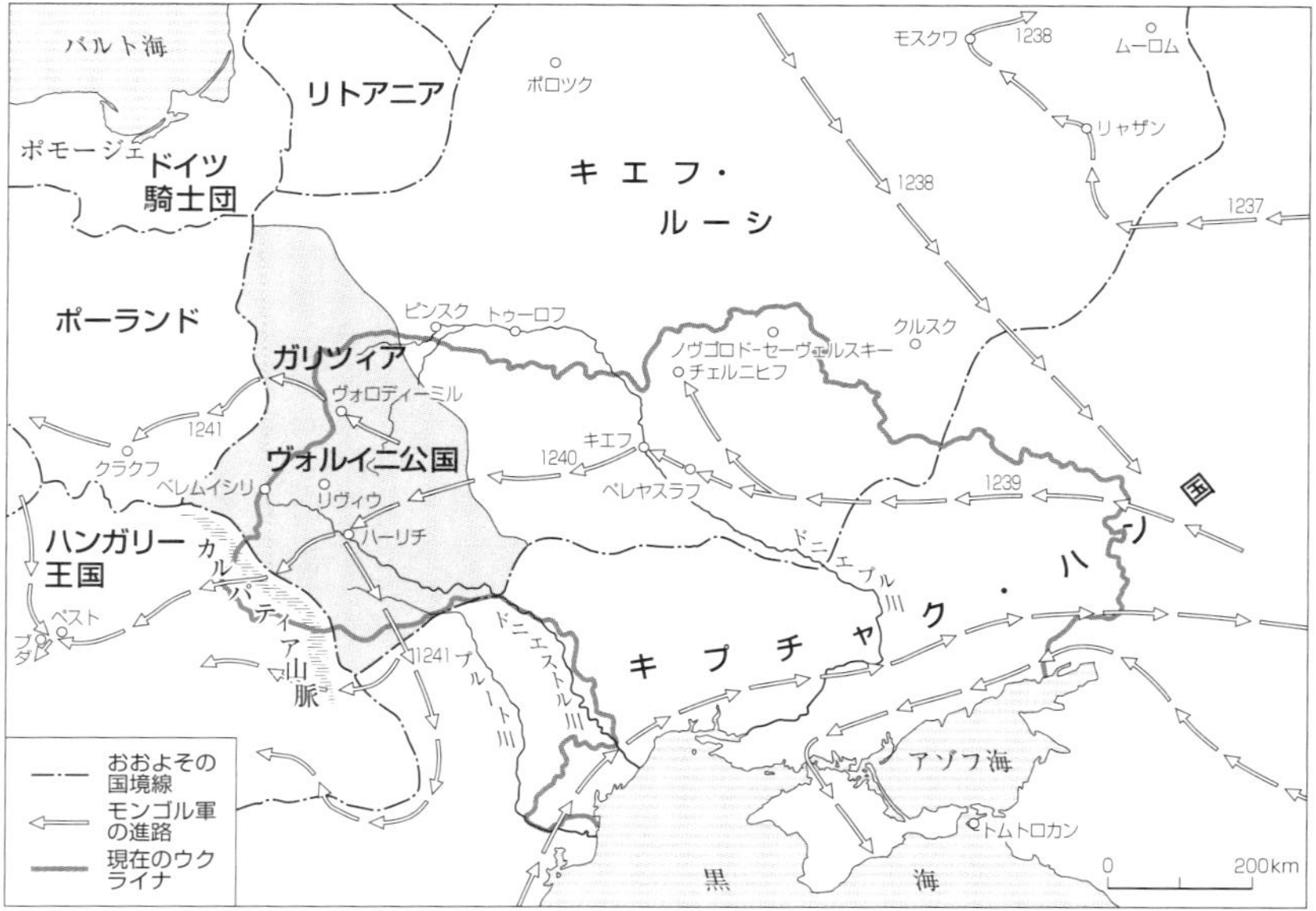

ガリツィア・ヴォルイニ公国(1250年頃)

二六一年にサライに移され、キエフの府主教座は、九九年にクリャジマのヴラジーミルに移され、さらにヴラジーミルの大火のあと、一三二五年には新興のモスクワに移った。キエフを含むウクライナの地は、一三六三年リトアニア大公オルゲルドによって征服され、ウクライナにおける「タタールの軛《くびき》」は終わった。

歴史家フルシェフスキーは、キエフ・ルーシとモスクワの連続性を否定し、キエフ・ルーシの後継は西方のガリツィア・ヴォルイニである、と述べている。

ガリツィア・ヴォルイニ公国

キエフ大公ヤロスラフ賢公が一〇五四年に没したあと、キエフ・ルーシは最初五つの、のちに一三の公国に分裂した。そのなかにガリツィア(ハーリチ)公国とヴォルイニ公国があった。一一七〇年以来ヴォルイニ公であったローマンは、一一九九年ガリツィア公国を併合し、ガリツィア・ヴォルイニ公国をつくりあげ、大公と称するにいたった。キエフ・ルーシの南西部に位置し、ポーランド、ハンガリーと国境を接し、ドナウ川沿岸地域をめぐってビザンツ帝国とも関係を保ち、重要な河川と陸路の要衝であったため、国際的中継貿易で栄えた。ローマンは一二〇二年にキエフを征服し、その版図を一時的ながらドニエプル(ドニプロ)河まで広げ、公国の強大化につとめた。ローマンの死後、ガリツィア・ヴォルイニ公国は貴族の反乱とハンガリー、ポーランドの介入によって混乱期を経験したが、ローマンの息子ダニイロが、一二三八年から四五年にかけて貴族勢力をふたたび支配下におき、公国を再建した。その後モンゴルの侵入までが公国の最盛期であった。

モンゴルの侵入に際して、ダニイロはローマ教皇を含む西側諸国と連合して対抗を試みたが、結局キプチャク・ハン国の勢力圏に組み込まれ、サライのバトゥ・ハンにたいして一二四六年臣従せざるをえなかった。ダニイロの時代に、リヴィウとホルム両都市が建設され、モンゴル軍によって首都ハーリチが占領されたときに、首都がハーリチからホルムに移された。六四年にダニイロが没したあと大公位に就いた息子レフは、首都をリヴィウ(レンベルク、レフの都)に移し、八〇年にはムカチェヴォを含むザカルパティアをハンガリーから、また九二年にはルブリン地方をポーランドから奪ってその領域を拡大した。さらにその息子ユーリーは十四世紀初めガリツィアとヴォルイニをふたたび統合し、ハーリチに府主教座を創設することに成功した。このころ領内には八〇の都市が成立していた。ユーリーの二人の息子レフ二世とアンドリイは一三一五年から二三年まで共同統治をおこない、熱心に中継貿易と外国商人の公国への移住策を進めた。しかし、このころからふたたび貴族の反乱が続発し、最後の大公ユーリー二世は一三四〇年貴族に毒殺された。貴族はリトアニア公リュバルタスに公位を捧げたが、同じ年ポーランド国王カジミエシ三世がリヴィウを占領し、ガリツィア・ヴォルイニをめぐるポーランドとリトアニアの争奪戦が開始され、公国は両国に分割されることになる。

ガリツィア・ヴォルイニ公国の首都リヴィウは、国際貿易のセンターとして、また東欧の文化的センターとしても発展したが、とくに十四世紀にはいると、バルト海と黒海を結ぶ交易路上の商業都市として栄えた。また、西のクラクフ、ニュルンベルクとの交易も盛んであった。この時代に、ポーランド人、ユダヤ人、ドイツ人、アルメニア人など多くの外国人商人・職人が、この町に移り住むようになった。最後の大公ユーリー二世の死に際して、この町に住む二〇以上の民族の代表が、それぞれのことばで弔辞を読んだという記録が年代記に残されている。文字どおりの国際都市となっていたのである。ガリツィア・ヴォルイニ公国における文化遺産としては『ガリツィア・ヴォルイニ年代記』がよく知られている。

リヴィウ自身は、一三四九年にポーランド領となったあとも発展を続け、五六年にはマグデブルク法の適用が認められて、カトリック支配層による都市自治がおこなわれた。一三七二年から八七年のあいだ、一時的にハンガリーの支配下にはいったが、それを除いて十八世紀までポーランドに属し、ルヴフと呼ばれた。時代がくだって、十六世紀後半には、イヴァン・フョードロフがルヴフに移り住み、ウクライナではじめての印刷工房を設立し、多くの書物を印刷・出版した。また一六六一年にはリヴィウ大学が創設され、学問研究の中心となった。

第二章　コサックの共和国

1　ポーランド下のコサック

コサックの登場

コサックとはもともとトルコ系の言語で「群れを離れた者」という意味である。この語が最初に記録されたのは、イタリアの旅行家が一三〇三年につくったポロヴェッツ語の辞書においてである。トルコ・タタールの正規の組織された軍から離れて勝手に行動する「自由な戦士」たちがコサックと呼ばれたのである。とくにキプチャク・ハン国の衰退期に彼らはキエフの南一〇〇キロから始まるステップ地帯に出現し、西はカメネツ・ポドリスク、ヴィンニツィアからチェルカス、キエフをへて東はトゥーラ、リャザン、ニージニー・ノヴゴロドにいたる広い地域で活動した。すでに、十四世紀からギリシア商人やイタリア商人はその被害を受けていた。

十五世紀後半に即位したクリミア・ハン、メングリ・ギレイは、一四七五年に、それまで同盟関係にあったリトアニア大公国との関係をたち、オスマン帝国の服属国となった。八二年春、彼はオスマン帝国の支援のもとにリトアニア領南部に攻め込み、キエフ市とその周辺を占領し、激しい略奪と破壊ののちに退却した。キエフ・ルーシの首都としての面影はすでになかったキエフだったが、この攻撃で城砦も壊され、ほとんど無人の地と化した。キエフとその周辺は文字どおりの荒野となり、ポーランド人はこのあたりを「未開の広野《ジーキエ・ポレ》」と呼んだ。この豊かではあるが荒れはてた地域がウクライナと呼ばれ、しだいにトルコ系のコサック以外の人々をも引きつけるようになるのである。

十五世紀から十六世紀にかけて、このトルコ系コサックの活動地域である黒海北岸のステップ地帯にスラヴ系の、つまりウクライナ人のコサック集団が形成されていった。ウクライナ人のコサックについて最初に言及した史料は一四九二年に書かれたクリミア・ハン国の記録である。スラヴ系ウクライナ人のコサックはポーランドとリトアニアからの逃亡者によって構成された。彼らの逃亡の理由はさまざまで、苛酷な課税、飢饉、宗教的弾圧、負債や刑罰などから逃れるためもあったが、最大の理由は農奴身分からの逃亡であった。彼らはその重圧を逃れて、国や地主の権力のおよばぬ辺境地域へと逃亡したのであった。ウクライナ人農民は、ポーランド・リトアニアの南部国境方面、ドニエプル河中・下流域へと逃げ、ロシア人農民は同様に、ドン川とヴォルガ川下流方面へと逃げて、それぞれの場所でコサック集団を形成した。

逃亡した農民たちは生き延びていくためにグループを形成し、たがいに助け合い、北からくる地主や国が差し向けた追っ手と戦い、同時に南からのタタール・コサックの襲撃に対抗するために武装して自衛した。とくに「先住コサック」ともいうべき、以前からこの南ウクライナのステップ地帯を拠点としていたトルコ・タタール系コサックとの抗争は、ウクライナ・コサックのタタール化という現象となってあらわれた。騎兵戦にたけ、ステップでの戦闘にたけたタタール・コサックと対等に闘っていくためには彼らから多くを学ぶ必要があった。「人は自分の敵に似てくるものである」といわれるが、その敵が自分より強大である場合にはなおさらである。タタールの騎馬技術、軍事技術の習得に限らず、ことばや風習までが取り入れられた。コサックの部隊長を示す「アタマン」や捕虜を意味する「ヤシール」などはトルコ語である。頭髪の刈り方や髪の編み方もタタールの風習を受容した例である。この傾向は、混血がおもに略奪婚によって進んだことによっても促進された。

十六世紀前半に書かれたいくつかの記録によるとウクライナ・コサックの集団はすでにしばしばクリミア・ハン国の領内を襲っている。とくにウクライナ・コサックの襲撃目標となったのはクリミア半島の港町にして、クリミア・ハン国最大の奴隷貿易のセンターであったカーファである。この遠征にはしばしばリトアニア大公国の貴族も参加した。そのような貴族の一人、ドミトロ・ヴィシネヴェツキー(バイダ)は自らコサック軍団に身を投じ、これをきわめて統制のとれた軍事集団に組織するのに重要な役割をはたした。ヴィシネヴェツキーは一五五〇年ころ、ドニエプル川中流付近のウクライ

コサック　歌い踊るザポロージエのコサック。弾いている楽器はバンドゥーラ(古名コブザ)。コサックは，短銃，サーベル，ウオッカ，パイプタバコを身につけていた。

ナ・コサックとともに、ドニエプル川の中州、ホルティツァ島に彼らの要塞を建設し根拠地とした。この一帯は当時、コサックたちにとってもっとも安全な地域であった。ポーランド、リトアニアそしてクリミア・タタールの国の中心から同じように遠く、周囲は深い森に覆われており、ドニエプル川はこのあたりで、川も深く、流れも速く、島のまわりの渦巻きは人を寄せつけなかった。このコサックの根拠地はシーチ（本営）と呼ばれ、ここに結集したコサックたちはドニエプル・コサックあるいはザポロージエ（ザポリージャ）のコサックと呼ばれるようになった。ザポロージエとは早瀬《ポロギ》の向こうという意味である。

初期のコサック社会

ザポロージエの本営の構成員は成年男子だったが、十七世紀にはいるまでは多くて三〇〇〇人をこえなかった。家族は本営のそとの周辺に住んでいた。ザポロージエのコサックたちはラーダと呼ばれる集会によって意志を決定した。すべての成年男子のコサックがそれに参加する権利をもち、議論をした。彼らのリーダーであるアタマンの選出もこのラーダによって毎年おこなわれた。結論はどのようにしてだされるかといえば、投票や挙手がおこなわれるのではなく、罵り声や喝采の大きさの比較によって大騒ぎのうちに決まるのであった。これは革命前ロシア農村の集会の方式と同じだった。

指導者のアタマンの選挙で前任者が落選すると彼はアタマンを示す頭髪を隠すために帽子をかぶって一般のコサックの列に戻る。あらたに選出されたアタマンは、ちょうどローマの元首が元老院でしたのと同じように、少なくとも二回アタマンに任命されることを固辞しなければならない。そのあとに風変わりな儀式があり、新アタマンはコサック長老(スタルシナ)の輪のなかにいれられ、長老たちが彼に泥を投げつけるのを長時間じっとたえしのばなければならない。初期のコサック集団は、アタマンの毎年の選挙制、全員集会での合議制といった点にみられるようにきわめて平等主義的であり民主的であった。また、経済的にもその点は貫かれていた。

初期のコサックたちの主食はドニエプル川や黒海の魚であり、それはまた初期のうち、コサックたちが扱う主要な商品であり、収入源であった。彼らは商人が運んでくる穀物、塩などとそれを交換した。

コサックにあらたに参加する条件はただひとつ、ザポロージエのコサックにふさわしい勇気を示すことであった。もっともよく利用された方法は、ドニエプル川の急流を自力で横断して本営に泳ぎ着く方法だった。ザポロージエ付近のドニエプル川は流れが大変に速く、これを実際に泳いで横断できる者は、真に屈強で、勇気のある男に限られた。のちにはさらに、ザポロージエのコサックが毎年夏におこなっているオスマン帝国への軍事遠征に一度参加してから正式のメンバーとして受け入れられた。しかし、コサックに加わるためには過去の経歴は一切問われず、貴族も農奴も犯罪者も平等に扱われた。本営内でのメンバー同士の争いは厳しく禁止され、すべての問題はアタマンか長老かラーダが解決した。コサック社会内部の殺人者はその理由を問われることなく、被害者の遺体に結びつけられて生きたまま埋められるか、ドニエプル川の急流に突き落とされた。

ザポロージエのコサックたちは急速に軍事集団としての能力を高め、コサックの共同体は軍事的共同体としての性格を強めていった。彼らは時に、商人や使節団の護衛を務めたり、自ら商人団となったりもしたが、しだいに彼らのおもな仕事は南方への軍事的遠征、要するに海賊行為となっていった。彼らは、樫の木をくりぬいた軽量で丈夫なカヌー(彼らはそれを「チャイカ〈かもめ〉」と呼んだ)をつくった。この「チャイカ」は全長約一五メートルで一二人乗り、オールで漕ぐ。これでザポロージエの本営からドニエプル川を一気にくだり、黒海北岸で、さらには黒海を横切り、黒海南岸小アジアに上陸して略奪をおこなった。彼らは黒海を二日かからないで横切ったという。彼らの戦術はつねに奇襲作戦で、暗闇に乗じて港に近づき行動した。十六世紀終わりから十七世紀初めにかけて、黒海沿岸のオスマン帝国、クリミア・ハン国の支配下にあった港町で彼らの攻撃を受けなかった港はないといわれているほどである。

十七世紀前半、このザポロージエのコサックという新しい軍事集団の勇名はヨーロッパ中の国々に知れわたった。ヨーロッパの国々がオスマン帝国の軍事力に大きな脅威（オスマン帝国のウィーン包囲、第一次・一五二九年、第二次・一六八三年）を感じているときに、「チャイカ」を駆ってオスマン帝国やクリミア・ハン国の港という港を襲っているザポロージエのコサックはヨーロッパ人にとっても「英雄」であった。

またコサックたちは陸路の遠征もおこなった。彼らの騎兵による襲撃も、カヌーによるものと同様、きわめて迅速におこなわれ、彼らの戦闘能力は著しく高かった。コサック騎兵集団の戦闘能力の高さは周辺の国々の注目を集めた。それはトルコ系のコサックからザポロージエのコサックが学んだものだったが、布陣のしかた、隊列の組み方、戦闘方法、連絡方法など、騎兵戦の基本として周辺諸国に模倣されていった。

周辺への略奪遠征が成功すると、ザポロージエのコサックたちは本営に戻って戦利品を分配し、宴会を催す。彼らは歌い、飲み、踊る。倒れるまで飲み、気がついたらまた飲む。そのようにして宴会はしばしば一週間も続いたという。その宴会の際に踊られたコサック・ダンスは、腹ごなし兼酔い醒ましのための一種の体操としての役割をもったものだった。

登録コサック

コサックの集団が強大化するにつれて、オスマン帝国、クリミア・ハン国からのこれにたいする反撃も本格化する。そして同時に、ポーランド、リトアニア側からコサック集団を統制、利用しようという動きも本格化する。コサックの構成員の多くはもともと農奴であり、本来ならば追っ手が送られ、連れ戻されなければならない対象であるが、強力な軍事集団となったコサックにたいしてそれを強行するのは非現実的でもあり危険でもある。ポーランド、リトアニア側は、南の国境付近に形成され、成長したコサック軍事集団を既成事実として認め、むしろこれをポーランド、リトアニアの国家の枠内に取り込んで利用する方向に政策を転換したのである。

一五六九年、ルブリンの合同によりリトアニアとポーランドは国家として連合し、ウクライナ地方はポーランド・リトアニア国家の領土に編入されることになった。翌七〇年に、ポーランド・リトアニア政府はザポロージエのコサックを統制下におこうとする最初の試みを実行に移した。ポーランド王は三〇〇人のコサックを軍人として雇い入れ、給料を支払い、課税免除の特権を与えた。コサックは一切の封建的義務を免除され、自由を保障され、その名前が政府に登録され、登録コサックと呼ばれた。七八年、ポーランド王はモスクワとの戦争準備の一環として登録コサックを五〇〇人にふやし、指揮官としてポーランド貴族を任命した。登録コサックの本拠地としてペレヤスラフの南、ドニエプル川に面したテレフテミリウを指定し、そこに武器庫と病院を建設した。ポーランド政府はその後八三年には六〇〇人、八八年には一〇〇〇〇人、八九年には三〇〇〇〇人と登録コサックの数をしだいにふやしていった。

このようにポーランド王はコサックに特権を与え、その自由を認めながら、コサックを軍事力として、モスクワ、オスマン帝国などとの戦争のための兵力としてあるいは辺境防備の兵力として利用する方針をとったのである。しかしポーランド政府側はウクライナ・コサックのすべてをその統制下におくことはできなかった。なぜならザポロージエのコサックの数は登録されたコサックの数より遥かに多かったからである。また同時に登録コサックの導入はコサック社会内部の変質をもたらした。登録コサックはポーランド国内でシュラフタ（貴族・騎士）と同じ身分となり、かつてその地主シュラフタのもとから逃げ出した農奴としては勝利といえなくもなかったが、一方で初期コサック社会の平等の原則を自ら否定することでもあった。登録コサックと数的には圧倒的多数の非登録コサックの階層分化が進んでいくことになるのである。

ポーランド政府もまた登録コサックの導入によって大きな矛盾に直面することになった。それは、モスクワやオスマン帝国やクリミア・ハン国との戦争遂行にはコサックの力が必要であり、それに依拠することになり、その場合にはコサックの数は多ければ多いほど好都合なのだが、一方戦争が終わった平時にはコサックはポーランド政府にとって重荷となるからである。多数の登録コサックをつねに養うことは経済的に負担であり、多くの非登録コサックには統制力がおよばない。平時における非登録コサックのオスマン帝国の港などへの勝手な軍事的略奪行動は講和条約違反としてオスマン帝国側からポーランド政府への不信と抗議を招くことになる。それに加えてポーランド貴族も登録コサックの増大を脅威と感じていた。十七世紀前半はこうしてウクライナ・コサックとポーランド政府の緊張が高まっていく時期であった。

このようなとき、ウクライナのザポロージエ・コサックの指導者として登場したのがペトロ・サハイダーチヌイであった。彼は一六四八年以前のウクライナ・コサック史のなかでもっとも重要な人物である。彼はポーランドとの対立を避けながらコサックの団結を強めていこうとした。ガリツィア（ハリチナ）のウクライナ人小貴族の家に生まれたサハイダーチヌイはガリツィアにおけるカトリックの正教にたいする宗教的攻撃を逃れて亡命し、コサック軍に身を投じた。彼は一六一七年と一八年のポーランドとモスクワの戦争に従軍し、その功績をポーランド政府に認められた。彼はその前一五年にはコンスタンティノープル攻撃を敢行し、一六年にはクリミア半島のカーファを襲い、キリスト教徒の奴隷をムスリムの手から解放した。サハイダーチヌイは、二〇年に始まったポーランドとオスマン帝国の戦争にはポーランド王の要請に応じて二万人のコサックを動員して、ポーランド軍の主力として戦った。翌二一年のホティンの戦いでオスマン帝国軍を敗退せしめたのも彼の率いるコサック軍だった。

しかし、サハイダーチヌイの最大の功績は軍事的勝利にあるのではない。それは、ザポロージエのコサック集団全体に自覚的な民族意識をもたせることに成功した点にある。ザポロージエのコサックたちは元来、正教徒が多かったが、ポーランド国内におけるイエズス会の活発な活動によるカトリックの正教にたいする攻撃にはそれまで無関心であった。サハイダーチヌイは意識的に住居をキエフに定め、数百年にわたって荒れるにまかせられていたかつてのキエフ・ルーシの都の再建にとりかかった。キエフではつぎつぎに教会が再建され、一六一五年には出版所も開設された。サハイダーチヌイとザポロージエのコサックはキエフに集まってきた正教関係の聖職者を保護し、ウクライナの文化的・宗教的中心としてのキエフをとくにポーランド・カトリック、イエズス会の圧力から解放した。このことがザポロージエのコサックをいわば「民族化」したのである。キエフは十七世紀初めにはみるかげもない寒村だったが、ごく短期間に東欧の一大文化センターにふたたびなった。一六三四年にはこのキエフにペトロ・モヒラによって有名なキエフ・モヒラ・コレギウム（キエフ神学校、のちにキエフ・モヒラ・アカデミー）が設立された。これはこの地域でもっとも古い大学であり、正教研究を中心にきわめて高い学問水準を誇った。ウクライナ・コサックはこうした研究機関や教会の保護者であり、息子たちをこぞって学生としてキエフに送り込んだ。それゆえコサックのエリートたちはすぐにこのモヒラ・コレギウムの卒業生で占められることになる。「本を読むコサック」（ヤロスラフ・フリツァク）の登場である。民族とは「本を読む種族」であるとすれば、「本を読むコサック」はウクライナ民族、ということになる。一六二〇年、イェルサレムにいた正教の総主教テオファネスは長期にわたって空席となっていたウクライナの地の府主教と五人の主教を任命してポーランド・カトリックに対抗した。

こうしてウクライナのザポロージエ・コサックは十七世紀前半にはたんなる冒険者や傭兵集団ではなく、正教信仰を核とした自覚的意識をもったウクライナ民族集団に自己変革をとげたといえる。

2　ロシア帝国下のコサック

ボフダン・フメリニツキーの乱

十七世紀前半、ウクライナ・コサックはポーランド政府にたいして、登録コサックの数の増大を求める要求をしつづけていた。一六二一年のサハイダーチヌイに率いられたホティンの勝利の結果、登録コサックの数は三〇〇〇から五〇〇〇人にふえたが、不満は大きく、二五年と三〇年の二回、コサックのポーランド王にたいする小規模な反乱が起こった。その結果、三〇年に登録数は八〇〇〇人にまで増加されたが、当時、ザポロージエの本営付近に結集するコサックの数は六万人にも達しており、八〇〇〇人の登録では非登録コサックの不満はつのるばかりであった。コサックの自由・平等の組織はポーランドの国家権力の介入でくずれかけていた。部隊長アタマンは選挙ではなく国によって任命されるようになり、あらたな本営を築くことも禁止され、勝手な海賊行為もままならなくなり、宗教的にもカトリック化の圧力が強まっていた。このようにポーランド国家の統制の進展とそれにたいするコサック社会の不満、とくに新しく流入してふえつづけている非登録コサックの不満の増大、コサック社会の変質、という状況のなかで登場したコサックの指導者がフメリニツキーであった。

フメリニツキーはウクライナの古い登録コサックの家に生まれ、キエフのモヒラ・コレギウムで教育を受け、ギリシア、ラテン語のほかにトルコ語も読めたという、教養あるコサックのエリートであった。一六三七年にポーランド政府のコサックの自治抑制策にたいして大規模な反乱が起こり、登録コサックもかなり参加したが、鎮圧された。フメリニツキーはこれに連座してそれまでのコサックの隊長職から更迭された。このあと一〇年間、コサックたちとポーランド政府は各地でこぜりあいを続けていたが、三七年の乱の鎮圧後はポーランド側が強圧的な態度をくずさず、各地で登録コサックの領地の没収や掠奪事件が続発していた。四七年春、チヒリン近くのスボティフにあったフメリニツキーの領地がポーランド貴族チャプリンスキに襲われ、幼い息子はチヒリンの市場で鞭打たれ、妻は死亡し、家は焼かれた。五十二歳だったフメリニツキーは、ザポロージエの本営に逃げ込み、ここでポーランドにたいする反乱に再度決起するようザポロージエのコサックに呼びかけた。彼はヘトマン(頭領)に選ばれた。フメリニツキーは、クリミア・ハン国の汗《ハン》、イスラム・ギレイ三世に使節を送り、ポーランドにたいする共同闘争を呼びかけ、さらにドン・コサックにも援助を求めた。

一六四八年、ザポロージエの本営に八〇〇〇人のコサックと四〇〇〇人のタタール軍が結集し、北上してコルスンという所で、ポーランド軍と衝突してこれに勝った。フメリニツキーはチヒリンをも襲い、自分の領地を取り戻した。こうしていわゆる「フメリニツキーの乱」が始まった。四八年という年は三十年戦争の終わった年である。まさにその年にポーランドではこのフメリニツキーの乱に始まる戦争が開始され、諸外国軍の侵入を受ける「大洪水」の時代をむかえることになるのである。

一六四八年夏、ポーランド軍は四万人の軍を送るがフメリニツキー軍に敗北し、フメリニツキーは

ヘトマン、ボフダン・フメリニツキーの像 1656年グダンスクの画家ホンディウスの手による。

同年冬クリスマスの日にキエフに凱旋し、「正教信仰の守護者」「民族の解放者」として熱烈な歓迎を受けた。翌年初め、勝利を背景にしてポーランド国王との交渉がおこなわれた。ポーランド側は登録コサックの数を二万人とする、ウクライナでの正教信仰を認める、などの譲歩をしたが、ウクライナ側はより多くを望んで決裂した。

一六四九年三月末、ウクライナ・コサックとポーランド軍との戦闘が再開された。このころ、ポーランド王はクリミア・ハン国にたいして頻《しき》りに手紙を送り、莫大な歳費を交換条件に、ウクライナ支援の停止を要請した。四九年の戦闘もウクライナ側の勝利に終わり、登録コサックを四万人とすることでポーランドとのあいだに協定が成立し、フメリニツキーの所在地チヒリンに事実上のウクライナ政府が形成された。

しかし、一六四八年の戦争開始以来、戦乱のなかで周辺からの逃亡農奴の流入は急激に増大し、したがって新しいコサックの数も急増し、このころ登録を要求するコサックの数は三〇万から四〇万にも達しており、彼らの不満は解消されなかった。五〇年にはいると、非登録コサックの不満はポーランドと妥協したフメリニツキーに向けられるようになり、各地で反乱が起こり、フメリニツキーはこれを鎮圧しなければならなかった。

コサック内部での対立が顕在化しているとき、ポーランド側では軍の再建が進み、一六五〇年、ウクライナにたいする攻撃が再開された。同年六月、ベレステチコの決戦の最中、以前からのクリミア・タタールにたいするポーランド側の説得がついに功を奏し、クリミア・タタールは戦場から突然引き揚げ、ウクライナ・コサック軍はそのために総崩れとなり惨敗を喫した。これによりウクライナ・コサックの登録数は二万人に半減された。

ウクライナが単独でポーランド軍に抗しえず、クリミア・タタールの支援もあてにできないことを自覚したフメリニツキーは、協力の相手を新興の正教国ロシアに求めた。三年間の交渉の結果、一六五四年ペレヤスラフ協定がモスクワのツァーリ、アレクセイとコサックの代表フメリニツキーのあいだに結ばれた。

一六五四年一月のペレヤスラフ協定のおもな内容は、(1)コサックはその独自のコサック法に従い、裁判を受けること、(2)コサックは独自にヘトマンを選出し、ツァーリにはそれが通告されること、(3)ヘトマンはツァーリへの忠誠を宣誓すること、(4)ウクライナの外国大使は独自に行動しうることとし、モスクワはその結果について報告を受けること、(5)ウクライナでの税の一部がモスクワに献上されること、である。このペレヤスラフ協定によってコサックの自治が認められ、コサックはコサック自身の法にのみ従いつつ、ウクライナはロシア・ツァーリの宗主権を認めたというふうに一般に解釈されている。

一六五四年の段階でモスクワとウクライナが同盟を結んだということはウクライナ側の(そしてロシア側にとっても)ひとつの選択の結果であり、必ずしもほかに選択の余地のない必然とはいえなかった。フメリニツキーはなお、オスマン帝国、クリミア・ハン国との同盟の可能性もたえず探っていたので、モスクワ・ロシアとの同盟が実現しなければ、そちらが再度実現していたかもしれない。それゆえ、このペレヤスラフ協定がかつてのソ連史学が主張していたような「永遠なる結合」を意図したものではけっしてなかったことは、その直後の各国の動向からも明らかである。一六五六年、早くもモスクワ側でポーランドとの戦争に疲れた講和派が多数を占め、ポーランドとの講和が成立した。フメリニツキーはそのため、モスクワの意向を無視して独自にトランシルヴァニア、スウェーデンと軍事同盟を結んでポーランドに攻め込んだ。一方モスクワはこれに対抗してスウェーデンとの戦闘にはいったのである。

ペレヤスラフ協定は公式にも、一六六七年のロシアとポーランド間のアンドルソフ講和によって破棄されたことになり、結局一三年間しか有効ではなかったことになる。このアンドルソフ講和によってウクライナは左岸と右岸に二分され、右岸はポーランド領、左岸はロシア領とされる。モスクワはこれによって飛躍的な発展をとげ、ロシア帝国への道を歩むことになる。これ以降左岸ウクライナとロシアの関係は別の協定、条約によって規定されていく。

ヘトマン国家とその消滅

フメリニツキーの乱によって成立したウクライナ・コサックの国家をヘトマン国家という。すでに述べたようにヘトマンとはコサックの頭領をさすことばで、初代のヘトマンにはフメリニツキーが就任した。ヘトマン国家は一六四八年から一七八二年まで存続する。ヘトマン国家は一六六七年のアンドルソフの講和によってポーランド領右岸ウクライナとロシア領左岸ウクライナに分割された。その後、ポーランド領内では一七〇〇年にヘトマン体制が廃止されたため、ヘトマン国家はロシア領左岸でのみ存続することになる。ヘトマン国家の首都は、最初フメリニツキーの領地のあったチヒリン(一六四八〜六三年)におかれたが、その後ハダャーチ(一六六三〜一七〇八年)、バトゥーリン(一六六九〜一七〇八年および一七五〇〜六四年)、フルキフ(一七〇八〜三四年)と移った。

ヘトマン国家は、ペレヤスラフ協定により、ロシアの自治国となったが、ロシアとの政治的関係はあらたにヘトマンが選出されるたびに変更され、その自治はしだいに制限されていった。ヘトマン国家には憲法にあたるものがなかったため、執行機関の権限等についてはヘトマン個人の性格、国内の対立、ロシアの介入などにより、変化した。初期のヘトマン国家の権力機関として、ヘトマン、軍人総会、長老会議の三つが存在した。ヘトマンは国家元首で、コサック軍の司令官であり、すべての行政、司法、軍事機構の長であった。軍人総会は、コサックの全体集会であり、本来ヘトマンと長老を選出し、外交関係を含むあらゆる重要事項を直接民主制によって決定する最高議決機関であった。開催地と時期は一定しておらず、ペレヤスラフ、コルスン、キエフ近郊でおこなわれたことがある。フメリニツキー、サモイロヴィチ、マゼッパなどのヘトマンは軍人総会を最高議決機関として認めなか

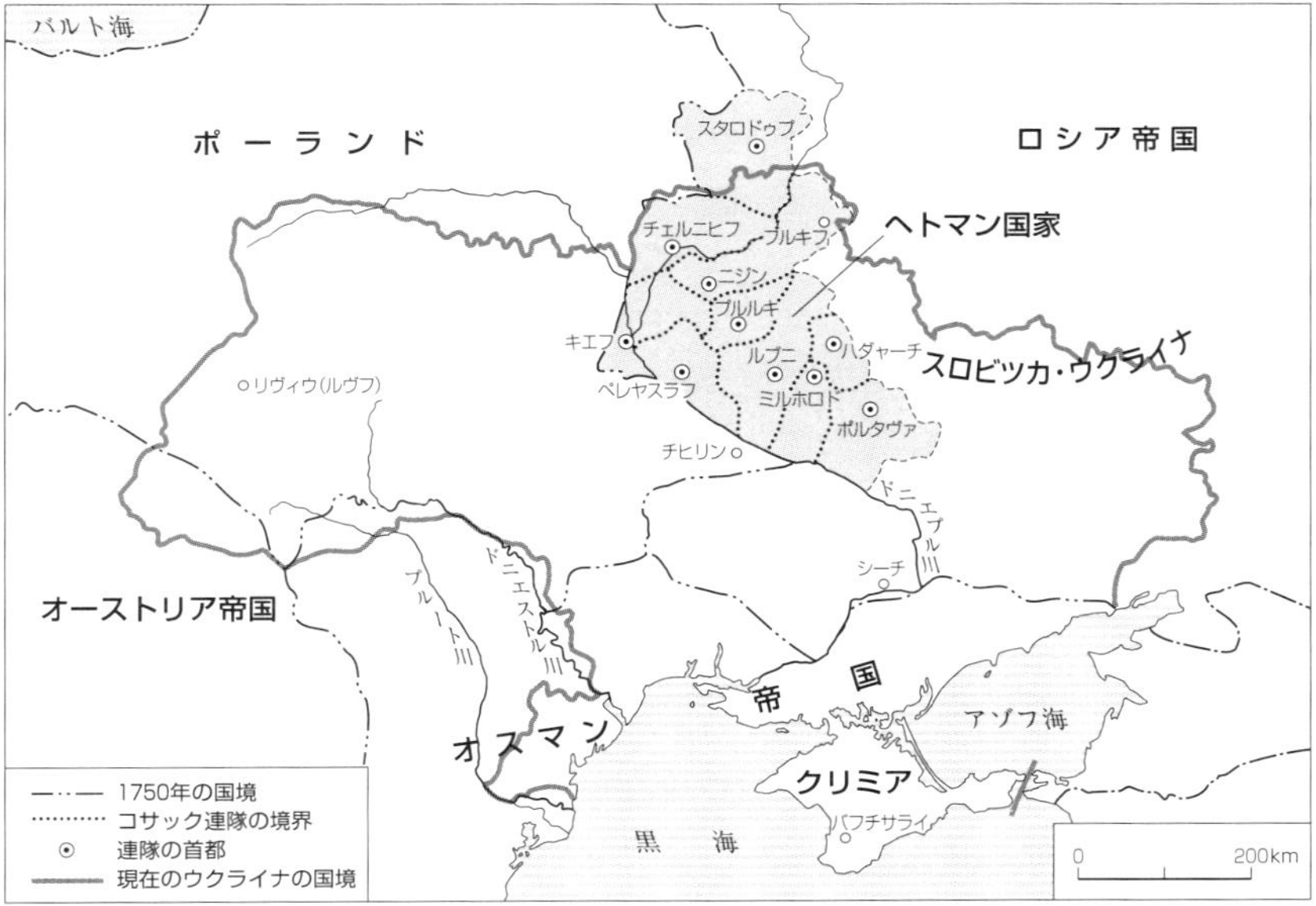

ヘトマン国家(1750年頃)

った。十七世紀後半になると軍人総会は、新ヘトマンを形式的に承認する場となった。長老会議は、通常クリスマスと復活祭の年二回ヘトマンの居所で開催され、国家財政にかんして決定権限をもっていたほか、ヘトマンへの助言をおこなった。その他の中央組織としては、ヘトマンの命令を遂行する軍事総局、ヘトマンの閣僚ともいうべき総長老、最高裁判所にあたりヘトマンが議長を務める軍事総法廷があった。

ヘトマン国家の地方行政は連隊制であった。ヘトマン国家内の連隊数は一六六〇年代以降一〇であった。連隊の権力機関として、ヘトマン国家中央と同じく、連隊長、連隊軍人総会、連隊長老会議が存在した。

ヘトマンは、ボフダン・フメリニツキー(ヘトマン在位一六四八～五七)、ヴィホフスキー(一六五七～五九)、ユーリー・フメリニツキー(ボフダンの息子、一六五九～六三)と続き、その後右岸と左岸に分かれ、右岸ではテテリャ(一六六三～六五)、ドロシェンコ(一六六五～七六)、ユーリー・フメリニツキー(一六六七～八一、八五)までで消滅した。左岸のヘトマン国家では、ブリュホヴェツキー(一六六三～六八)、ムノホフリシニー(一六六九～七二)、サモイロヴィチ(一六七二～八七)、マゼッパ(一六八七～一七〇九)、スコロパツキー(一七〇九～二二)、ポルボトク(一七二二～二四)、アポストル(一七二七～三四)、ロズモフスキー(一七五〇～六四)までで終わった。

この間、コサックの自治はロシア政府によってしだいに制限されていったが、十八世紀初め、これに抗してマゼッパの乱が起こった。イヴァン・マゼッパは、ウクライナ・コサックの裕福な家に生まれ、キエフのモヒラ・コレギウムを卒業したのち、ワルシャワのイエズス会のコレギウムで学び、ポーランド国王に仕えた。一六六三年ウクライナに戻り、ドロシェンコ、サモイロヴィチの両ヘトマンの右腕として働いたのち、八七年にヘトマンに選ばれた。彼は在任中、キエフ・モヒラ・コレギウムをモヒラ・アカデミーとして拡大発展させるなど、ウクライナ文化の発展につとめ、コサック・バロック様式の教会を各地に建設した。ロシアとの関係も北方戦争が始まるまで良好で、ピョートル大帝の信任も厚かった。しかし、北方戦争が始まると、マゼッパは、右岸ウクライナを含めたウクライナ国家の再建とロシアからの自立を模索し、最初ポーランド王レシチンスキと、のちにスウェーデン王カール十二世と同盟した。このマゼッパの「裏切り」にたいし、ピョートルはマゼッパの居所、バトゥーリンを襲い、住民六〇〇〇人を殺害し、ザポロージエ・コサックの本拠地も破壊した。一七〇九年七月八日、マゼッパとカール十二世の同盟軍とピョートルのロシア軍がポルタヴァで会戦し、マゼッパ側は敗北した。マゼッパとカール十二世は、オスマン帝国領内に逃亡し、マゼッパは翌年ベッサラビアのベンデリで死亡した。このベンデリでマゼッパを継いだヘトマン、ピリプ・オルリクによって一七一〇年、ウクライナ(ヨーロッパにおいても)最初の憲法がつくられた。オルリクは、亡命中、『旅行日誌』(一七二〇〜三三)を残している。

ポルタヴァの戦いにおける敗北以来、コサックの自治はさらにラジカルに制限されていったが、エカチェリーナ二世は、一七六四年にヘトマン職とその政府を廃止し、その機能を政府直属の小ロシア・コレギウムに移した。七五年にはザポロージエの本営を最終的に破壊した。八二年には連隊制を廃止し、かつてのヘトマン国家はロシア帝国の直轄領となり、小ロシアと呼ばれるようになった。こうしてウクライナ史におけるコサック時代は終わった。

3　外国支配下のウクライナ

民族意識の覚醒――ハリコフ・ロマン主義

ヘトマン国家が消滅した一七八三年から一五年たった九八年に、ウクライナ語で一冊の本が刊行された。イヴァン・コトリャレフスキー著の『エネイーダ』である。これはウクライナの口語で書かれたはじめての小説で、近代ウクライナ文学の幕開けを告げるものであった。その内容は、ヴェルギリウスの『アエネイス』のパロディーである。ヴェルギリウスの『アエネイス』はローマ建国伝説で、トロイの武将、アエネイスがトロイ戦争に敗北したあと諸国を遍歴し、ついにローマの地に国を再建するという話であるが、コトリャレフスキーはこれをウクライナに移しかえ、エカチェリーナに滅ぼされたザポロージエの本営のコサックが諸国を放浪し、かつてのウクライナのコサック共和国を再建しようとする話である。

このように、ヘトマン国家、ザポロージエの本営の破壊という、ウクライナ・コサック社会にとってのエピローグは、同時に、十九世紀初頭に始まるウクライナ民族の再生、かつてのコサックの自由で平等な社会に憧れるロマン主義に基づいたウクライナの民族的ルネサンスのプロローグでもあったのである。

コトリャレフスキーの『エネイーダ』に始まる「ウクライナのルネサンス」は、十九世紀初め、ハリコフ大学の教師と学生を中心とする、ハリコフ・ロマン主義グループと呼ばれる、ウクライナの知識人によってまず担われることになる。ハリコフは一八〇五年にウクライナにおける最初の西欧型大学が設立されたウクライナ東部の都市である。彼らはウクライナのフォークロアを収集し、民族の過去を探索し、ウクライナ民族の力を発掘しようとした。

このグループに属していたのは、一八一八年にウクライナ語の最初の文法書である『小ロシア方言文法』を刊行したパヴロフスキー、一九年に最初のウクライナ・フォークロアの収集書を刊行したツェルテレフ、このハリコフ・サークルの指導的人物で言語学者のスレジネフスキー、二七年に一二七のウクライナ・フォークロアの集大成を発表したマクシモヴィチ、歴史家ボジャンスキー、作家のクヴィトカ＝オスノヴァネンコ、フレビンカ、それに歴史家コストマーロフなどであった。

こうしたウクライナのロマン主義者たちの最大の遺産は『イストーリア・ルーソフ（ルーシ人の歴

史)』であった。複数のウクライナ・インテリゲンツィアの手になると思われるこの本は歴史書という体裁をとって、ウクライナの過去の栄光を描き出し、民族的誇りに訴え、ウクライナ民族の民族意識の覚醒をアピールした著作だった。『イストーリア・ルーソフ』はウクライナやロシアの作家、歴史家に大きな影響を与えたが、とくにウクライナの民族詩人シェフチェンコに影響を与えた。

キリル・メトディー団

キエフ県南部の村に生まれたタラス・シェフチェンコは、農奴出身でありながら、早くから詩作と絵の才能を示し、十八歳のとき、主人の命令で画工の修行を首都ペテルブルクでさせられた。画家ブリューロフと詩人ジュコフスキーは彼の画才を認め、一八三八年、ジュコフスキーの肖像画をブリューロフが描き、これを競売に付し、皇后の落札によってえた二五〇〇ルーブルで、地主エンゲリガルトから彼の身分を買い取った。自由の身になったシェフチェンコはペテルブルクの美術アカデミーに入学を許され、ブリューロフに師事した。シェフチェンコは美術アカデミーに在学中の四〇年、処女詩集『コブザーリ(吟遊詩人)』を発表し、一躍ウクライナを代表する詩人となった。その詩はウクライナの過去の栄光と悲惨な現在、郷土ウクライナとその民衆への深い愛を歌ったものだった。彼はその後、つぎつぎに美しい詩を力強いウクライナ語で書いたが、そのなかには激しい反ロシア的な内容を含んだものもあった。

シェフチェンコは美術アカデミーを優秀な成績で卒業したあと、キエフの考古学委員会に就職し、コストマーロフ、クリシといった、キエフで当時のウクライナの若い知識人と知り合った。一八三四年に設立されたキエフ大学が当時の文化センターであった。コストマーロフは、ロシア人地主の父とウクライナ人農奴の母のあいだに生まれたが、キエフ大学を卒業し、四六年にキエフ大学歴史学部の講師となった。彼はのちにペテルブルク大学の歴史学の教授となり、フメリニツキーやラージンの乱

タラス・シェフチェンコ　今でもその作品が愛読されているウクライナの詩人。反ロシア的な詩によって10年間の流刑となった。これは，流刑地から帰還した死の直前の肖像。

キエフの中心部　19世紀末のクレシチャーティク大通り。ベッサラビア市場からドニエプル方面を望む。路面電車とともに馬車もはしっている。

についての大著を残すロシア史の大家となる人物である。クリシは、上層コサックの家に生まれ、キエフ大学で学んだあと、キエフのギムナジウムで歴史を教えていた。彼はのちに、聖書のはじめてのウクライナ語訳を完成させた人物である。

一八四五年十二月から四六年一月にかけて、キエフにおいてキリル・メトディー団が結成された。これはウクライナではじめての政治的秘密結社であった。中心的組織者は、作家のフラク、ビロゼルスキー、コストマーロフで、これにクリシ、シェフチェンコらが加わり、四六年秋にはその団員は一二人を数えた。綱領的文書としていずれもコストマーロフによって書かれた『ウクライナ民族創世記』と『聖キリル・メトディー団規約』が残されており、前者は旧約聖書の『創世記』の体裁を踏襲しているが、内容は『イストーリア・ルーソフ』の影響を強く受けたものである。農奴制の廃止とスラヴ諸民族の平等を基礎にした連邦の形成を目標として掲げたが、政治結社としては、会合を重ねたのみで、具体的行動にはいる前に、四七年春、密告により官憲の知るところとなり、全員が逮捕された。

第三部(ロシアの秘密警察)の尋問のあと、フラクは三年、コストマーロフは一年、クリシは三カ月の刑のあとそれぞれ流刑となった。もっとも重い判決を受けたのはシェフチェンコであり、無期の刑とされ、詩を書くことと絵を画くことを禁止されて、中央アジアへ一兵卒として流刑された。シェフチェンコがウクライナ語で詩を書くことに意義を認めず、シェフチェンコの作品にたいして辛辣な書評を書いていた「革命的民主主義者」ベリンスキーは、この判決を聞いて、「私が裁判官だったらもっと重い判決をだしただろう」と述べた。シェフチェンコは、ニコライ一世の死後一八五七年に恩赦となった。

ヴァルーエフ指令とエムス法

一八六〇年代初頭は、農奴解放前夜の改革的雰囲気のなかで、ウクライナ文化運動がキリル・メトディー団の壊滅以来の一〇年以上にわたる強いられた沈黙を破って各地であらたな組織化を進めたときであった。帝都ペテルブルクではかつてのキリル・メトディー団のメンバーであったシェフチェンコ、クリシ、コストマーロフなどが再会し、ウクライナ文化運動の中心的機関誌の発行をはかった。それは一八六一年初め『オスノーヴァ(礎《いしずえ》)』の刊行として結実した。『オスノーヴァ』の刊行はわずか一四カ月で停止したとはいえ、ウクライナ人インテリゲンツィアの最初の定期刊行物として、その影響は大きく、そこに掲載された多くの論考はのちのウクライナの運動に決定的な影響を残した。キエフでものちにキエフ・フロマーダ(フロマーダは、共同体あるいは協会の意味)の機関誌となる『キエフスキー・テレグラフ』の刊行が五九年に始まったし、六〇年にはシェフチェンコの『コブザーリ』が再刊された。これとは別に右岸ウクライナではキエフ大学のポーランド人学生を中心にフロプマン(農民を愛する者)運動が始まっていた。フロプマン運動はのちに組織的にも、また運動としても直接キエフ・フロマーダの母体となる。こうした五〇年代末から六〇年代初めにかけてのウクライナ運動の活発化を担った人々はのちに「六〇年代の人々」と呼ばれている。一八六〇年代初め、キエフにキエフ・フロマーダが設立された。この組織は六二年初めには約二〇〇人を擁する団体となっていたが、そのおもな活動は文化教育活動に集中されていた。それはウクライナ人大衆の教育と文化的出版活動であり、非政治的活動であった。キエフ・フロマーダはウクライナの文化的活動の中心的組織として長期にわたって活動することになる。このキエフ・フロマーダに結集したキエフ大学の学生たちは、大学の外にでて日曜学校の組織化をおこなった。キエフの日曜学校は一八六〇年に六つを数え、ウクライナ語で授業が社会人にたいしておこなわれた。

一八五〇年代末から六〇年代初めにかけての出版・教育活動を中心としたウクライナの文化運動は六二年から六三年にかけて大きな打撃を受けて後退をよぎなくされた。まず六二年九月『オスノーヴァ』の刊行が停止し、第二に日曜学校が当局の指令により閉鎖された。さらにフロプマン運動も弾圧された。日曜学校もフロプマン運動も、当局の目からみれば革命運動の温床とみえたのである。しかし、決定的な打撃は六三年六月二十日、アレクサンドル二世の承認のもとに、内相ピョートル・ヴァルーエフによってだされた秘密の指令であった。ヴァルーエフは検閲局にたいして、宗教的内容および一般教育を意図した本のウクライナ語による刊行を許可しないように指示した。純文学は制限の範囲から除外された。教育相ゴロヴニン(彼は内相の処置に反対だった)への手紙のなかで、ヴァルーエフは、この処置をとった理由を五つあげた。それによると、(1)ウクライナのインテリゲンツィアがその政治的目的追求においてウクライナ農民と結びつくのを防ぐために、これがもっとも有効な方法であること、(2)まさに存在そのものが疑わしいような言語でウクライナ農民は教育されるべきではない。なぜならウクライナで「大衆によって使われている方言」は、ポーランドの影響によって歪められたロシア語にほかならないからである、(3)ウクライナ農民はウクライナ語よりもロシア語をよりよく理解するから、新しいことばを学ぶ必要はないこと、(4)別個独自のウクライナ語の追及は、本当のところはウクライナのロシアからの分離の要求であること、(5)宗教的と否とにかかわらずウクライナ語による印刷刊行は「ロシアの利益」に反する。ヴァルーエフは同じゴロヴニンへの手紙のなかでウクライナ語は「存在しなかったし、存在していないし、これからも存在しえない」と決めつけたが、もしそうなら存在していないものにたいして禁令を発したことになる。ヴァルーエフの理由づけは矛盾に満ちてはいるが、指令をだすにあたって彼が何を考えていたかはよくうかがうことができる。

一八七三年二月、キエフにロシア地理学協会南西支部が設けられた。支部設立の目的はウクライナ諸県の民俗学的および統計資料の収集と公刊であった。地理学協会キエフ支部創立時のメンバー二二人のうち一五人がキエフ・フロマーダのメンバーであった。アントノヴィチ、チュビンスキー、キスチャコフスキー、ジーベル、ドラホマノフなどがそれに含まれる。このキエフ支部は事実上、キエフ・フロマーダの合法機関的性格をおびてくる。キエフ支部は一八七三年に図書館と博物館を開設し、経済から音楽にいたるウクライナ関係のテーマで公開講演会をつぎつぎに開催した。また、七四年三月には、支部によってキエフとその周辺で「キエフ一日調査」が実施され、住民についての母語調査を含む、さまざまな調査統計はチュビンスキーによって編集されて公刊された。キエフの反ウクライナ主義派の新聞『キエヴリャニン』紙は、この「調査」が政治的目的によってなされたものであり、反ロシア的なウクライナ分離主義を鼓吹する目的でおこなわれたものであると非難した。

地理学協会キエフ支部は一八七四年から七五年にかけてアントノヴィチとドラホマノフの共同編集になる二巻本の『小ロシア民族の歴史的歌謡』を刊行した。これはウクライナの歴史的歌謡を収集し、それに詳しいコメントを加えたものである。ドラホマノフはこの業績により、一躍フォークロアの研究者として西欧でも知られるようになる。さらにキエフ支部は七五年初め、キエフの新聞『キエフスキー・テレグラフ』の編集権を掌握し、多くのウクライナ関係の論稿を掲載した。

こうしたウクライナ人たちの積極的な文化・出版活動にたいしてすでに一八七四年から反ウクライナ・キャンペーンが開始された。『キエヴリャニン』紙を中心とする反ウクライナ主義グループは、地理学協会キエフ支部が学術団体という隠れ蓑のもとに事実上ウクライナ主義者の政治的参謀本部となり、ウクライナ文化のロシア文化からの完全な分離を宣伝した、と非難した。とくにドラホマノフとチュビンスキーにたいする非難が集中し、チュビンスキーはそのためキエフ支部会長を辞任せざるをえなかった。ドラホマノフは「赤色教授」のレッテルを貼られ教育相から辞職勧告を受けた。

一八七五年九月、皇帝アレクサンドル二世はキエフをおとずれ、ウクライナ人の宣伝活動を調査するための特別委員会の設置を指示し、ドラホマノフについては再度辞職勧告をおこなった。ドラホマノフはこの二度目の辞職勧告を拒否し、「第三項」(解雇理由を示さず、さらに一切の公職につく権利の剝奪を意味する)により解職された。キエフ大学でドラホマノフの解雇に強く抗議し反対したのはジーベル一人であった。ジーベル自身、「第三項」により解雇され、ドラホマノフより数週間早く国外にでてスイスに向かった。

一方、アレクサンドル二世の指示によりつくられた特別委員会は内相を長とし、そのほかに教育相、第三部長官、宗務院の代表、それにキエフから中央に向けてウクライナ分離主義の危険を警告しつづけていたユゼフォヴィチがメンバーであった。この委員会はウクライナ人の運動をロシアの利益のために危険であると結論し、以下の勧告をおこなった。(1)印刷局長官の特別許可がないかぎり、ウクライナ語のあらゆる書物の輸入を禁止する。(2)オリジナルはもちろん翻訳であっても、あらゆるウクライナ語の出版を禁止する。(3)ウクライナ語によるあらゆる舞台上演、音楽演奏、公開講演を禁止する。(4)小学校においていかなる科目もウクライナ語で教えることを禁止する。(5)ウクライナの小学校・中学校の図書館からウクライナ語の本、ウクライナ人による本をすべて除去する。(6)ロシア地理学協会キエフ支部を無期限で閉鎖する。(7)ドラホマノフとチュビンスキーをウクライナから追放する。

一八七六年五月、アレクサンドル二世は委員会のこの勧告にドイツのエムスで署名し、法としての効力をこの勧告はもった。

エムス法の目的は明瞭である。一八六三年の「ヴァルーエフ指令」を徹底し、ウクライナの運動を根絶することがその目的だった。ウクライナ語で書かれたものは文学、政治、教育などの分野に限らず、歌詞やダンテ、シェイクスピアのウクライナ語への翻訳にいたるまで出版が不可能となった。七六年以降ロシア帝国におけるウクライナ語の出版物は文字どおりゼロとなった。こののち一八八一年および一九〇五年革命直後の部分的な緩和措置の時期を除いて、一八七六年のエムス法は基本的に変更されず、一九一七年の革命まで続いた。

一八七六年九月に書かれたアレクサンドル二世の遺書で彼は後継者につぎのような警告を与えている。「ロシアの強さは国の統一に基づいている。それゆえ、その統一を弱めるようなものすべて、そしてさまざまな民族の分離主義的発展はロシアにとって致命的であり、許容されえない」。

民族運動の展開——ドラホマノフ

解雇されたドラホマノフにたいしてキエフ・フロマーダは彼を外国に送り出してウクライナの運動を続けさせることにした。キエフ・フロマーダの有力メンバー一二人による「一二人委員会」はドラホマノフにたいし、キエフ・フロマーダを代表してその委託を受けて、国外、とくにガリツィアでウクライナの運動、とりわけ出版・宣伝活動を続行するよう要請した。具体的には論集『フロマーダ』出版、『歴史的歌謡』の続刊、宣伝文書の出版を任務とした。

一八七六年秋、ジュネーヴに落ち着いたドラホマノフは、精力的に執筆活動を展開した。ドラホマノフはまず、露土戦争関係のパンフレット『国内における奴隷制と解放戦争』などで、専制国家は解放者たりえないと主張し、ロシア政府のバルカンにおける政策を批判するとともに、ロシア国内における政治的自由を訴えた。さらに論集『フロマーダ』への序文で、ウクライナの将来像としてフロマーダ（コミューン）の連合による連邦制を提起した。ドラホマノフは『歴史的ポーランドとウクライナ』でポーランド人社会主義者の「大ポーランド主義」を厳しく批判し、「テロリズムと自由」「ナロードナヤ・ヴォーリャ（ロシアにおける革命闘争の中央集権化について）」などの論考で、ロシアの革命党派ナロードナヤ・ヴォーリャ（人民の意志党）の中央集権主義とテロリズムを批判した。ドラホマノフは、革命党派の中央集権主義は独裁を招く危険があること、テロリズムは健全な革命運動を無力化し、人々を内面から破壊すると警告した。さらに彼は、「シェフチェンコ、ウクライナ主義者、社会主義」において、狭隘なウクライナ民族主義をも批判した。ドラホマノフの批判はいずれも正鵠《せいこく》をえたものだったが、当時の革命諸党派をことごとく批判するかたちとなり、亡命者のなかで彼はしだいに孤立していった。また、彼を送り出したキエフ・フロマーダもドラホマノフの言説を革命的すぎると感じ、彼にたいする支援を打ち切った。ドラホマノフの支持者はガリツィアにのみ残ることとなった。ドラホマノフは晩年、ブルガリアのソフィア大学の歴史学の教授として招かれ、そこで教鞭をとり、一八九五年に心臓発作で死んだ。

ドラホマノフの思想家としての業績は、のちのウクライナの民族運動に大きな影響を与えたが、まずその影響を受けたのはガリツィアの青年層であった。

ドラホマノフ　19世紀のウクライナを代表する思想家で，独特の連邦主義思想を展開した。亡命後のジュネーヴ時代の肖像。

ウクライナの「ピエモンテ」――ガリツィア

かつてトインビーによってウクライナの「ピエモンテ」と呼ばれたガリツィアは、ウクライナ本国（ドニエプル・ウクライナ）におけるウクライナ民族運動の弾圧を受けて、十九世紀後半、ウクライナの運動の中心地となった。オーストリア領ガリツィアでは、ロシア帝国より寛容な民族政策がとられていたからであった。

一八六三年ロシア帝国におけるウクライナ文学の発表が禁止されると、多くのウクライナ人作家はその活動を国外のガリツィアに移した。そしてその地のウクライナ主義者グループと交流し、その刊行物に参加した。六〇年代から七〇年代初めにかけてとくにガリツィアの刊行物に活発に参加し、影響を与えたのはクリシであった。彼以外にもロシア帝国下のウクライナから、コニスキー、ネチュイ＝レヴィツキーなどがガリツィアにやってきてそこでの刊行物出版に熱心に参加し、ここでウクライナ語は農民たちが日常話していることばを基礎に文章語として発展を続けた。それは九〇年代、イヴァン・フランコ、コビリャンスカ、ステファニクなど才能ある作家によって受け継がれた。

一八七六年の、ロシア帝国におけるウクライナ語使用およびウクライナの運動にたいする第二の、そして全面的な禁令(エムス法)はさらにガリツィアの運動を活発化し、ウクライナの運動におけるその重要性を増大させた。一八七〇年代半ば、ガリツィアのギムナジウムのウクライナ人学生は、各地で「フロマーダ」と呼ばれる秘密組織を形成した。リヴィウ(ルヴフ)大学には「中央フロマーダ」がつくられ、ガリツィア各地のフロマーダの情報センターとして機能するようになった。ドラホマノフは七六年ころからこのリヴィウ大学のウクライナ人学生の機関誌『ドルーフ(友)』へ一連の手紙を送り、彼らに大きな影響を与えた。これを機会にガリツィアには「ドラホマノフ派」が形成された。

ガリツィアにおける「ドラホマノフ派」の中心人物はミハイロ・パヴリクとフランコの二人である。いずれも貧しい生まれで、パヴリクは一八七四年に、フランコは翌年リヴィウ大学に入学し、ウクライナ人学生組織とその機関誌『ドルーフ』の中心的活動家であった。パヴリクは七九年ジュネーヴに脱出し、そこで八二年までドラホマノフ、ポドリンスキーと共同して雑誌『フロマーダ』を刊行したが、八三年リヴィウに帰り、新聞『プラツァ(労働)』を刊行した。この年マルクスが死去したが、パヴリクは『プラツァ』にマルクス論を発表し、マルクス主義の中央集権主義と非国家民族論を批判した。フランコは大学卒業後、執筆活動にはいり、多くの小説、詩、評論を精力的に発表し、ガリツィアにおけるウクライナ人の運動の中心的人物となり、ウクライナ文学史のうえでもシェフチェンコにつぐ重要な作家となる。

一八八〇年代、ガリツィアでは農民、労働者のストライキがあいつぎ、それらの組織化も進み、社会主義政治党派の結成の気運が盛り上がっていた。ドロホビチ油田の労働者の子弟や農民の子弟が大量に北米に移住し始めたのもこのころである。一八九〇年七月、約二〇人の活動家がフランコの家に集まって、ラディカル党の結成が決定された。ルテニア゠ウクライナ・ラディカル党の正式の創立大会は同年十月にリヴィウでおこなわれた。この党はドラホマノフの影響を受けた非マルクス主義の社会主義政党であった。党組織としては勢力は大きくならなかったけれども、この党はドニエプル・ウクライナも含めてウクライナ最初の社会主義政党として少なからぬ意味と影響力をもった。のちにガリツィアで結成された民族民主党、社会民主党はもちろん、ドニエプル・ウクライナ最初の社会主義党派、ウクライナ革命党の先駆けであったからである。

ガリツィアはウクライナ民族運動の政治的中心となったばかりでなく、文化的中心ともなった。一八六〇年代後半に、ドニエプル・ウクライナからの資金提供でリヴィウに設立されたシェフチェンコ協会は、当初文学団体であったが、しだいに学術出版をもおこなうようになり、フランコの努力もあり、ウクライナ唯一最大の学問的根拠地として発展し、九〇年代には、ウクライナの在外アカデミーという性格を有するようになった。ロシア帝国内では一切のウクライナ語による学術出版が不可能であったこともあり、ロシア帝国に在住するウクライナ人学者の論文等はリヴィウで発表されることが多くなった。とくに一八九四年フルシェフスキーがリヴィウ大学のウクライナ史の教授として赴任してきてからは、彼の精力的な活動によりその様相が一層強まった。ロシア政府はガリツィアにおけるウクライナ人の精力的な活動にたいして強い警戒心を隠さなかったし、ここをウクライナ分離主義の温床とみなしていた。

こうしてガリツィアは政治的にもまた文化的にもウクライナ民族運動の中心という役割を担うようになったのである。そしてこのようにガリツィアをウクライナの「ピエモンテ」たらしめたのは、クリシ、ドラホマノフ、フランコ、フルシェフスキーといった政治的、文化的な思想家、活動家の影響であると同時に、ロシア帝国下のウクライナでの運動——政治的であると文化的であるとにかかわらず——にたいする徹底的な弾圧による強いられた発展でもあったのである。ガリツィアのウクライナ人が待っていたのは、この異常な事態を克服し、キエフがロシア帝国の軛《くびき》から解放され、ウクライナ民族運動の統一のための中心として復活することであった。

ユダヤ人にたいする迫害

十八世紀のポーランド分割以来、ロシア帝国は世界で最大のユダヤ人人口をかかえることとなった。なかでもウクライナには多くのユダヤ人が住むようになった。一七九四年に建設が始まったウクライナ南部の港湾都市オデッサ（オデーサ）とその周辺にも多くのユダヤ人が住み着き、十九世紀末には市の三分の一がユダヤ人となった。オデッサからはロシア革命の指導者の一人トロツキーや、シオニズム運動の理論的指導者となるジャボティンスキー、散文作家バーベリなど著名なユダヤ人が輩出した。

一方、貧窮化するウクライナ人農民とユダヤ人のあいだの軋轢《あつれき》も大きくなり、十九世紀を通じて社会的緊張も高まっていった。一八八一年春、皇帝アレクサンドル二世の暗殺をきっかけにエリサヴェートフラード（キロヴォフラードをへて現クロピヴニツキー）で始まったポグロム（ユダヤ人にたいする掠奪・虐殺）はウクライナ全体に広がり、ユダヤ人の国外流出の引き金となった。このポグロムのとき、ロシア政府、黒百人組等の反ユダヤ人宣伝のみならず、革命党派であるナロードナヤ・ヴォーリヤもユダヤ人にたいする反感をあおる文書を配布したことが知られている。その後一九〇三年キシニョフのポグロム、一九〇五年革命時のオデッサ、キエフ等でのポグロム、内戦期ウクライナを襲ったポグロムの大波によるユダヤ人の西欧・アメリカへの脱出はウクライナにおけるユダヤ人人口の急激な減少を招いた。ユダヤ人にたいする迫害は、のちの独ソ戦期にも、バービイ・ヤールなどで繰り返された。

ウクライナとベラルーシにおける一九〇五年革命

日露戦争の最中、ロシア帝国の首都ペテルブルクにおける一九〇五年一月二十二日の「血の日曜日」のあと、数週間のうちにウクライナを含むロシア帝国中にストライキの波が広がった。ウクライナではエカチェリノスラフ、ハリコフ（ハルキウ）、キエフ、ニコラエフ（ミコライフ）、オデッサなどで四月中旬までに一七万人の労働者がストにはいり、ハリコフなどの都市では労働者と警官の衝突に発展した。一九〇五年秋には上記の都市およびユゾフカ、マリウポリ、ルガンスクなどで労働者ソヴィエト（ラーダ）が形成された。

革命運動は軍隊にも広がり、ウクライナではとくに黒海艦隊に拡大した。一九〇五年六月オデッサ港において戦艦ポチョムキン号の兵士反乱が勃発したが、そのリーダーの一人マチューシェンコはウクライナ人水兵であった。またウクライナ革命党の創立者の一人コヴァレンコもリーダーであった。同年十一月にはセヴァストーポリで巡洋艦オチャコフでの反乱が起こった。

ウクライナにおける一九〇五年革命の大きな特徴は、農民暴動が広がり、長期にわたったという点にある。一九〇五年春に始まった農民運動は〇七年まで続いた。とくにハリコフ、ポルタヴァ両県を中心とする右岸ウクライナでの農民運動はロシア政府に強い衝撃を与えた。農民運動を指導したのはウクライナ社会民主同盟(スピルカ)であった。労働者、兵士、農民の反乱に直面したロシア政府は〇五年十月に「十月宣言」を発し、国会の開設、言論・結社の自由などを約束して妥協し、革命運動の鎮静化をはかった。一九〇六年に召集された第一国会では、四九七人の議員のうちウクライナ九県から一〇一人が選出され、そのうち六三人がウクライナ人だった。彼らの約半数がウクライナ民主急進党とロシア・カデット党(立憲民主党)の党員だった。第二国会では四七人のウクライナ人議員による院内会派が形成され、ウクライナの自治とウクライナ語使用の自由化を要求した。

「十月宣言」の前、一九〇五年二月に、ペテルブルクのロシア帝国アカデミーは、言語学者シャフマートフやコルシのイニシアティヴで、ウクライナ語がロシア語の方言ではなく独立言語である、と宣言し、ヴァルーエフ指令とエムス法の廃止を政府に勧告した。「十月宣言」後、ハリコフ、キエフ、ポルタヴァなどでウクライナ語の新聞、雑誌が刊行され始めた。〇六年にはウクライナ全土で一八の定期刊行物があらわれた。しかし、一九〇六年終わりころからふたたびウクライナ語刊行物は政府の介入により出版できなくなっていった。革命期ウクライナ語教育導入の試みもなされたが、これも政府の禁令によりすぐに消滅した。革命期に登場した民間の文化的啓蒙機関「プロスヴィタ(啓蒙)」は、反動期にもわずかながら生き延びることができた。〇七年以降は、反社会主義、反ユダヤ主義、反ウクライナ主義の極端なロシア・ナショナリストの組織、黒百人組の攻撃が、ウクライナ民族運動を抑圧した。

ベラルーシ(白ロシア、ベロルシア)は、十九世紀後半、ロシア化が進み、とくに都市部では、ベラルーシ語を母語とするものが七・三%(一八九七年)にまで落ち込んでいた。しかし、ここでもウクライナと同様、一九〇五年革命前後に、民族運動が登場した。一九〇二年にペテルブルクのベラルーシ人学生が、ベラルーシ民族教育サークルを結成し、翌年この組織はベラルーシ社会主義フロマーダへと発展し、ベラルーシの自治を要求する政党となった。一九〇五年革命によってベラルーシ語の使用禁止が解除されると、ベラルーシ社会主義フロマーダは、機関誌『ナーシャ・ニーヴァ(われらが大地)』の刊行を開始した。この機関誌は一五年の停刊までベラルーシ民族運動の唯一のよりどころとなり、ベラルーシ民族の民族意識の覚醒に大きな役割をはたすことになる。『ナーシャ・ニーヴァ』運動は考古学者のイヴァン・ルツキエヴィチと評論家アントン・ルツキエヴィチ兄弟が中心となり、これに著名な作家ヤンカ・クパラとヤコブ・コーラスが加わって推進された。この民族運動は一九一七年の全ベラルーシ大会、そして一八年三月二十五日のベラルーシ民主共和国設立宣言へと続いていくものであった。

第三章　ソヴィエト時代のウクライナ

1　ロシア革命とウクライナ

中央ラーダ

一九一七年二月革命ののち、キエフはふたたびウクライナ民族運動の中心となった。これを組織的に担ったのはウクライナ中央ラーダ（ラーダとはウクライナ語で評議会の意味、ロシア語のソヴィエトにあたる）であった。同年三月四日、ウクライナ進歩主義者協会によって中央ラーダが組織され、三月中旬ごろからつぎつぎにウクライナに帰国してきたフルシェフスキーをはじめとするウクライナ人指導者がこれに加わった。中央ラーダの立場は、中央ラーダをウクライナ人を代表する権力機関とし、ウクライナの全生活をウクライナ化することであった。四月五日から八日にかけて、このような意図のもとに「全ウクライナ民族大会」がキエフでおこなわれた。大会には一五〇〇人の代表が集まり、大会名誉議長にフルシェフスキー、副議長に作家のヴィンニチェンコ、歴史家のエフレモフが選ばれた。この大会でウクライナの自治にかんして、「民主的ロシア共和国を基礎にした民族の地域的自治を要求する」決議がなされた。そして「自治生活の基礎を即刻つくりだすこと」が決定された。大会は新中央ラーダ一五〇人を選出し、中央ラーダはウクライナの政治的代表機関となり、諸分野におけるウクライナ化を推進していくこととなった。

フルシェフスキー　ウクライナの歴史家で，中央ラーダ政権初代大統領（1918年）。畢生の大作『ウクライナ・ルーシの歴史』全10巻を著した。

第一回軍人大会（一九一七年五月）のあと、中央ラーダは、ウクライナ代表の国際会議への参加、ウクライナ部隊の形成、学校教育のウクライナ化などを内容とする自治要求を九項目にまとめ、首都に代表団を派遣した。しかし、ロシア臨時政府はこれらの諸要求を拒否する決定をし、ウクライナ側に伝えた。また臨時政府の陸海相ケレンスキーは六月五日から予定されていた第二回ウクライナ軍人大会の開催を禁止する命令をだした。しかし、軍人大会は予定どおり開催され、臨時政府との対決姿勢を明らかにした。大会最終日、中央ラーダは第一次宣言(ウニヴェルサール)を発し、臨時政府の反ウクライナ自治の態度にたいして、もはや臨時政府に自治を要求するのではなく、ウクライナ人の運命はウクライナ人の手によって切り開くべきだとウクライナ人民に訴えた。第一次宣言ののち、中央ラーダは六月十五日に自己の執行機関としてヴィンニチェンコを議長とするウクライナ中央ラーダ総書記局を形成した。これは実質的なウクライナ自治政府にほかならなかった。

夏から秋にかけて中央ラーダと臨時政府の対立は深まっていったが、中央ラーダ側はいくつかの分野でウクライナ化政策を実施していった。たとえば、十月十五日、教育総書記ステシェンコは学校のウクライナ化にかんする指令をだし、中等・高等学校その他のすべての教育機関でウクライナ語の使用ならびにウクライナ文化・歴史・地理の教育をおこなうことが必要であると述べ、授業もウクライナ語でなされることが望ましいと要望した。一方、臨時政府側はウクライナのこうした独自の動きにたいして弾圧方針で臨み、総書記局のメンバーにペトログラードへの出頭命令をだした。ウクライナ側は逮捕が予想されたこの出頭命令を十月二十日拒否し、両者の関係は緊張し、決定的な対決の様相を呈してきた。その両者の緊張関係を一挙に突き破るかたちになったのが、ペトログラードにおける十月革命であった。

キエフにおける十月革命は中央ラーダの存在によって独特の展開を示した。首都ペトログラードでは臨時政府と軍事革命委員会、労働者兵士ソヴィエトに依拠するボリシェヴィキとの対決であったが、キエフでは臨時政府側の軍管区司令部、ボリシェヴィキの革命委員会に加えて、当時軍事的にはもっとも強大であった中央ラーダが存在していた。キエフには約一万八〇〇〇人の中央ラーダ部隊が駐留していた。これにたいして軍管区側約一万人、ボリシェヴィキ側六六〇〇人といわれている。十月二十八日、キエフ市内で臨時政府側とボリシェヴィキ側の軍事衝突が始まった。これにたいして中央ラーダ軍はボリシェヴィキ側に立って戦闘に参加した。戦闘は三十日まで続き、双方あわせて四〇〇人以上の死者をだしたあと、臨時政府軍が降伏した。こうして、キエフでは臨時政府を支持する軍管区司令部にたいし、ボリシェヴィキと中央ラーダが協力してこれを市から追放し、その結果、権力は中央ラーダが掌握することになった。キエフ以外のウクライナの各地でも中央ラーダは全体として支持されており、各都市のラーダ(ソヴィエト)も中央ラーダを認める決議をおこなった。中央ラーダの実力に対抗しうる勢力は当時のウクライナには存在しなかった。十一月七日、中央ラーダは「第三次宣言」を発してウクライナ人民共和国の創設を宣言した。

ウクライナのボリシェヴィキは、中央ラーダに対抗するため、ハリコフに結集して、十二月十一日、「第一回全ウクライナ・ソヴィエト大会」を開催し、ウクライナ・ソヴィエト政府として「人民書記局」を選出した。こうしてハリコフに新しいソヴィエト政府が形成され、ウクライナには二つの政権が存在することとなり、ボリシェヴィキと中央ラーダ政府の対決はしだいに不可避的なものとなっていった。ハリコフのソヴィエト政権が依拠することになるのは、ロシアから遠征してきたアントーノフ＝オフセエンコ率いる「革命遠征軍」であった。

一九一七年十二月上旬、約三万人のソヴィエト赤軍がアントーノフ＝オフセエンコの指揮のもとにロシアからウクライナにはいった。このソヴィエト軍は当初ドン戦線に派遣される予定だったが、ボリシェヴィキと中央ラーダの対立のなかで、ドンにではなく、キエフに向かって進攻することになる。一八年一月初め、ムラヴィヨフの総指揮のもと、革命遠征軍はキエフに総攻撃を開始した。一月二十五日(新暦、以下同じ)、中央ラーダは第四次宣言を発し、ウクライナ人民共和国が完全に独立した主権国家であることを宣言し、事実上ロシアとの連邦制という志向を拒否した。各地で中央ラーダ軍を撃破したソヴィエト軍は、一月二十九日、三十日キエフ近郊クルティ駅において、キエフの学生を中心とした中央ラーダ軍と二日間にわたる激戦をおこない、中央ラーダ軍を粉砕した。キエフ市内でも武器庫を根拠地としたボリシェヴィキの武装蜂起がおこなわれた。キエフのドニエプル左岸に達したソヴィエト軍は、二月六日、七日両日、キエフ市内で中央ラーダ軍と戦い、これを圧倒した。二月八日から九日にかけて中央ラーダ政府はキエフ市を離れて西に向かった。この二月九日、ブレストではウクライナ人民共和国・中央ラーダ政府と独墺側の単独講和が締結された。この間の戦闘で三〇〇〇人以上のウクライナ人部隊の死者がでた。二月十日、キエフにソヴィエト権力が樹立されたことが宣言されたが、このウクライナ・ソヴィエト政府＝人民書記局がキエフに存在したのはわずか二週間であった。ドイツ・オーストリアと講和を結んだ中央ラーダ側は約二週間後の三月一日にはふたたびキエフ市にドイツ軍とともに入城することになる。ボリシェヴィキのキエフ占領の二週間に、ムラヴィヨフ軍は、街頭や家でウクライナ人を無差別に逮捕、処刑をおこなった。少なくとも二〇〇〇人のウクライナ人が殺害された。ムラヴィヨフ「占領軍」の横暴は、ウクライナ人のあいだに反ボリシェヴィキ感情を植えつける結果となった。

ヘトマン・スコロパツキー政権

ソヴィエト軍とウクライナ人民共和国とのキエフでの戦いが終わりソヴィエト軍がキエフを占領した一九一八年二月九日、ブレストでウクライナ人民共和国と、ドイツ、オーストリア＝ハンガリー、ブルガリア、トルコとのあいだのブレスト・リトフスク講和が締結された。この講和は第一次世界大戦ではじめての講和であり、独墺側とロシアとのあいだに結ばれた三月三日のブレスト講和に先立つこと四週間、第四次宣言でうたわれたウクライナ人民共和国の独立を国際的にはじめて認めるものであった。オーストリア外相チェルニンがこの講和を「パンの講和」と呼んだように、ウクライナ側はドイツ・オーストリア側に一〇〇万トンの穀物を提供することを約束した。

ウクライナに進攻したドイツ軍は約五〇万、一〇日遅れてウクライナ南部に進攻したオーストリア軍は二五万、という大軍で、三月一日には早くもキエフはドイツ・ウクライナ軍の手に落ちた。しかし、キエフに共に入城したドイツ軍とウクライナ中央ラーダ政府とのあいだに、ドイツ・オーストリア軍の農村における勝手な穀物徴発活動をめぐって早くから対立が顕在化した。四月六日、ドイツ軍アイヒホルン将軍の「土地耕作指令」がだされ、中央ラーダ政府とドイツ軍の関係は一挙に悪化した。それはこの指令が、中央ラーダ政府を無視して、ドイツ軍によりウクライナ農民に直接だされ、しかも大土地所有を擁護したからであった。中央ラーダ政府はこれに激しく抗議し、ドイツ軍側も中央ラーダ政府追放を決意する。四月二十三日中央ラーダ政府と経済協定を結んだあとドイツ・オーストリア側は、地主勢力に依拠して新政府を形成することに合意し、スコロパツキーを選び、四月二十九日、そのクーデタを演出し成功させた。中央ラーダの指導者、政府の閣僚の多くは逮捕されるか、亡命をよぎなくされた。

スコロパツキーは、十八世紀ヘトマン国家のヘトマンの末裔《まつえい》で、彼自身ポルタヴァの大地主であった。ヘトマン・スコロパツキー政権の農業政策は、最初から地主制の復活を意図しており、ウクライナの農民にとっては自ら勝ちとった革命の成果の帳消しを意味した。スコロパツキー政権のだした土地法、農業銀行法、小作関係法などはいずれも一九一七年革命以来の農民運動の流れにことごとく逆らうものであった。このため、ウクライナ各地で農民は反ヘトマン政府、反ドイツ・オーストリア軍支配の運動を組織し始めた。

一方、ドイツ・オーストリア軍は各地で直接的な食糧徴発を遂行していた。一九一八年三月から十一月のドイツ・オーストリア軍占領期におよそ一〇三万トンの穀物がドイツ・オーストリアに搬出された。それ以外に占領軍そのものが一二〇万トンの穀物を消費した。こうしたドイツ・オーストリア軍の武力による厳しい食糧徴発、農民にたいする武力支配、そしてヘトマン政府の反動的農業政策にたいして、一八年夏ごろから、ウクライナ全土で反ドイツ・オーストリア、反ヘトマンの農民反乱が展開されることになる。キエフ、チェルニゴフ（チェルニヒフ）、エカチェリノスラフ、チギリン（チヒリン）、ハリコフなどで武装した農民が蜂起した。このなかでエカチェリノスラフを中心にして活動していた農民たちは農民運動の指導者でアナキストのネストル・マフノのもとに結集し、一八年から二〇年にかけての南ウクライナにおける農民運動を持続的に展開していくことになる。ドイツ・オーストリア軍とヘトマンによる支配のお膝元であるキエフ県でも、ズヴェニゴロトカ郡とタラシチャ郡で農民による頑強な反乱が起こった。ウクライナ全体で、ドイツ・オーストリア軍の占領期間に農民パルチザンとの戦いによって死亡したドイツ・オーストリア軍兵士は三万人にのぼり、一方ウクライナ人側は刑死した者も含めて五万人というから、この闘いがいかに熾烈であったかがうかがえる。

各地の農民反乱は一九一八年秋になってさらに激しくなり、ドイツ・オーストリア軍兵士の士気は低下した。ドイツ革命の勃発、西部戦線での敗北により、第一次世界大戦におけるドイツ・オーストリア側の敗北が決定的となり、ドイツ・オーストリア軍は十一月ウクライナから撤退した。ヘトマン・スコロパツキーも十二月初め、ドイツに逃亡し、ヘトマン・スコロパツキー政権は瓦解した。キエフには中央ラーダの流れを汲む、ヴィンニチェンコ、ペトリューラが率いるディレクトーリア政権が成立した。

マフノとその幕僚(1919年)　内戦期ウクライナ農民軍のリーダー，ネストル・マフノ(右)はバチコ(親父)と慕われた。

内戦――マフノ、ゼリョーヌイ、ペトリューラ

ウクライナの内戦は、ペトリューラ率いる民族派、デニキン、ウランゲリ率いる白軍、ボリシェヴィキのソヴィエト赤軍、農民軍の四者が入り乱れて戦う激しいものであった。民族派のペトリューラのディレクトーリア政権がキエフに存在したのは、一九一九年二月までのわずか三カ月だった。この際、ソヴィエト軍とマフノに率いられた農民軍は協力した。農民軍とソヴィエト軍は、白軍との戦いにおいても共同行動をとった。ペトリューラ軍は、ポーランド・ソヴィエト戦争の最中、二〇年五月に一時的にポーランドのピウスツキ軍とともにキエフを占領したことがある。

ソヴィエト政権がキエフに成立した一九年春以降、ソヴィエト権力に反対する農民の反乱が各地で起こった。それは、ソヴィエト政権が土地の国有化と農業の集団化を強行し、穀物の強制的徴発政策を実行しようとしたからである。もっとも大規模な反乱はキエフ郡トリポーリエを中心としたゼリョーヌイ(「緑」という意味、本名テルピロ)の反乱と、南ウクライナ・ステップ地帯のマフノの反乱であった。どちらも数千から時に数万の農民部隊を形成し、ソヴィエト軍と激しい戦闘を繰り返した。ゼリョーヌイの反乱は一九年十月にはソヴィエト軍に鎮圧され、ゼリョーヌイも戦死した。ネストル・マフノに率いられたマフノ軍は巨大な農民軍を擁し、南ウクライナのステップ地帯に一時期解放区をつくりだしたが、二〇年冬までに赤軍により撃破され、マフノ自身は亡命した。二〇年冬にウクライナで活動していた食糧徴発部隊の兵士一七〇〇人が農民に殺されたが、農民側の犠牲者はその数倍にのぼるものと考えられる。

ウクライナ南部では戦乱による農村の荒廃とソヴィエト政権による苛酷な穀物徴発により、二〇年から二一年にかけて飢饉が発生した。二一年になってアメリカ救済機構(ARA)が食糧援助を開始したが、南部ステップ地帯の飢饉はおさまらず、ソヴィエト・ウクライナ政府の保健人民委員部の報告によると二二年前半だけでおよそ一〇〇万人が飢餓に倒れるという悲惨な経験となった。

西ウクライナ人民共和国

一九一八年十月ハプスブルク帝国の解体が決定的になると、西ウクライナ・ガリツィアのウクライナ人の運動は急速に独立へ向けて動き出した。十月十八日、リヴィウ（ルヴフ）にウクライナ人司教、オーストリア議会のウクライナ人議員、ガリツィアとブコヴィナの地方議会のウクライナ人議員、ウクライナ人諸党派の代表が集まり、ウクライナ民族ラーダの形成が宣言された。ウクライナ人たちはこのウクライナ民族ラーダを代表機関として、オーストリア＝ハンガリー領内のウクライナ人地域を統合したウクライナ国家の建設をめざすことを宣言した。ガリツィアのウクライナ人に実力での権力掌握を決意させた理由として、ハプスブルク帝国の最終的解体とならんで、ポーランド人の動向がある。ポーランド人はかねてから「歴史的ポーランド」国家の再建、すなわちガリツィアのポーランドへの併合を主張していたが、一八年十月二十八日、ガリツィアのポーランド人たちはクラクフにおいて「ポーランド清算委員会」を形成し、全ガリツィアをオーストリア領からポーランド領に移行し、ガリツィアの全権力をポーランド人の手に掌握する作業に着手した。この委員会はワルシャワのポーランド政府（摂政会議）の了解と支援のもとに一八年十一月一日を期してオーストリア政府からの権力移譲をおこなうことを決めた。

この結果、一九一八年十一月一日から、リヴィウでウクライナ側とポーランド側のあいだに市街戦が開始された。リヴィウではポーランド人地区の西部とウクライナ人地区の東部に市が二分されて二〇日間、激しい市街戦が展開された。この間、十一月九日、ウクライナ民族ラーダはウクライナ政府の形成を決意し、ウクライナ臨時政府として臨時国家書記局の名簿を発表した。そして国名を西ウクライナ人民共和国と定めた。リヴィウの市街戦は数でまさるポーランド側に有利に展開し、ついに十一月二十二日、西ウクライナ人民共和国政府はリヴィウを撤退することをよぎなくされ、同日リヴィウ全市はポーランドの掌握するところとなった。ウクライナ側はドニエプル・ウクライナからの援助を期待していたが、ディレクトーリア政府もボリシェヴィキとの戦闘にはいっており、援軍を差し向ける余裕はなかった。

西ウクライナ人民共和国政府はリヴィウを撤退したあと、ディレクトーリア政府(ウクライナ人民共和国)と両共和国の合同について交渉を開始し、十二月一日、両共和国の合同にかんする「予備条約」が結ばれた。しかしながら、両共和国の最終的合同は実現しなかった。それは、西ウクライナ人民共和国側が、ポーランドとの戦いを最優先させる態度をとったのにたいし、ペトリューラ率いるディレクトーリア側はボリシェヴィキとの戦いを優先させるために、ポーランドとの協力の道を探っていたからである。結局、西ウクライナ・ガリツィア軍は、白軍のデニキン軍と協力し、ペトリューラ軍はポーランドのピウスツキと同盟を結び、両者の対立は深まった。一九二〇年、ガリツィア軍はポーランド軍に敗北、ペトリューラ軍はボリシェヴィキ軍に撃破され、統一したウクライナ人民共和国の夢は潰えた。

ポーランド・ソヴィエト戦争で一時ガリツィアはソヴィエト軍に占領されるが、一九二一年三月、リガ条約によりガリツィアのポーランド支配が確定した。こうして戦間期、ガリツィアはポーランド領であり続けることになる。

2　戦間期のウクライナ

ソ連邦の形成

ソヴィエト連邦は一九二二年十二月に、ロシア、ウクライナ、ベラルーシ、ザカフカスの四ソヴィエト社会主義共和国の同盟条約によって形成された。それまでの諸共和国間の関係は二国間の同盟条約によって規定されていた。二二年五月、ロシア共産党はロシア共和国とウクライナ共和国の相互関係を調整するための委員会、通称フルンゼ委員会を形成し、検討を開始した。フルンゼ委員会は、両共和国の相互関係をより明確化する必要があるとの結論に達した。これを受けて、ロシア共産党は二二年八月十一日、ロシア共和国と他の独立ソヴィエト諸共和国との相互関係について結論をだす委員会を形成した。委員会を指導したのはスターリンであった。

スターリンは九月上旬、自らの「自治化案」を委員会に提起した。これはロシア以外の独立ソヴィエト諸共和国(当時は、ウクライナ、ベラルーシ、アゼルバイジャン、アルメニア、グルジア)をロシア共和国の自治共和国とするというもので、独立した主権共和国廃止のプランであった。これにたいして、ウクライナはグルジア、ベラルーシとともに反対の立場を表明した。スターリンの自治化案はレーニンの反対を受け、修正され、諸共和国が平等の立場で、新しい国家ソ連邦を形成することとなった。

　ソヴィエト連邦形成およびその直後のソ連憲法制定の過程でウクライナの指導部は一貫して、共和国への分権を要求した。とくにウクライナは共和国の外交権を強く主張し、外務人民委員部と外国貿易人民委員部を諸共和国にも設置するよう要請した。しかし、ロシア共産党はスターリンの指導のもとに、これを認めず、結局憲法はスターリンの自治化案にきわめて近い中央集権的な内容となった。憲法制定過程でもうひとつウクライナ側は、議会の第二院・民族会議の構成がロシア共和国からの代表が圧倒的多数を占めることになることを阻止しようとしたが、これもはたせなかった。こうしてソ連邦は、レーニン、グルジア、ウクライナの反対・異議申し立てにもかかわらず、スターリンのヘゲモニーのもとにきわめて中央集権的なシステムとして出発したのであった。

ウクライナ化政策

　ウクライナ化政策(ウクライニザーツィア)は一九二三年から三二年にかけて党・政府の公式の路線、政策であった。それはウクライナ語による教育、ウクライナ語出版物の拡充から党・政府諸機関へのウクライナ人採用の拡大までを含むものだった。ウクライナのソヴィエト権力を真にウクライナのものとするために必要であると党・政府が考えた結果とられた政策である。ソヴィエト権力とウクライナ人大衆のあいだに存在するさまざまな障壁、とくに言葉の壁を取り除くことが必要と考えられたのである。

一九二三年五月ウクライナ共産党は、以下のようなウクライナ化の決議をおこなった。(1)ウクライナの全党組織はウクライナ語を習得し、ウクライナの社会的・政治的状況およびウクライナの歴史と習慣を学ぶこと、(2)ウクライナ文化の建設に、党が積極的かつ組織的に参加し、指導すること、(3)ウクライナ党のカードル(要員)にウクライナ人労働者・農民を登用し、ボリシェヴィキ的教育をおこなうこと、(4)国家および経済建設に地元住民を広汎に引き入れること。さらに二三年八月にウクライナ政府は「言葉、状況、習慣を知っている」者を登用して国家機関を大衆に近づけること、とくに政府機関でのウクライナ語使用の拡大をはかるウクライナ化の布告を公布した。この布告では、ウクライナ語は基本的にロシア語と平等であると宣言され、この二つが国の公用語であるとされた。さらに布告は、ウクライナのソヴィエト権力がこの数年ウクライナ文化の発展のために偉大な努力をしたにもかかわらず、「数世紀にわたる抑圧の結果としての文化の不平等を粉砕することができなかった」ことを認め、この不平等をなくすためにはウクライナでもっとも広く使われている二つの言語、ロシア語とウクライナ語の形式的な平等では不十分であり、「あらゆる言語の平等を尊重しつつも、ウクライナ語の地位を確保するための一連の措置を政府はとる必要がある」と述べた。具体的には政府機関で一年以内に公用語をロシア語からウクライナ語に切り替えること、政府機関の職員のうちロシア語とウクライナ語の二つの言語が使用できない者は原則として解雇されること、現在職についている者は一年以内に、これから就職する者は半年以内に第二言語を習得することを条件とした。教育人民委員部はそのために三カ月と九カ月のウクライナ語コースを関係諸機関に提供することを指示された。この布告を受けてウクライナ化の進展を監督する委員会も形成された。

しかし概してウクライナ化の進展の度合は著しく遅かった。ウクライナ化が必ずしも順調に進まなかった背景には、ウクライナ共産党内が、ウクライナ化一筋にまとまっていなかったことがあげられる。根本的にウクライナ化そのものに反対する勢力が根強く存在していたし、またそれは一般党員、労働者、政府職員等のウクライナ化にたいする無関心、時には消極的反対、敵意を背景にしていた。党の書記の一人ドミトリー・レベジはウクライナ化に反対しつづけた先鋒だった。彼は一九二三年につぎのように述べた。「理論的にいって、二つの文化の闘争は不可避である。ウクライナには、都市の文化すなわちロシア文化と、農村の文化すなわちウクライナ文化が存在している。党と労働者を積極的にウクライナ化するという課題を設定することは文化運動の観点からみて反動的である。現時点における農村と都市の政治的・経済的・文化的関係のもとで民族化するということ、すなわち党と労働者階級にウクライナ語を人工的に押しつけるということは、都市のより高い文化に比べて低い農村の文化の観点に自らをおくことを意味する」。ロシア文化＝都市の文化＝高い文化と、ウクライナ文化＝農村の文化＝低い文化の対立ととらえるレベジの見解は「二つの文化の闘争論」と呼ばれることになる。こうした意見はけっしてレベジ一人のものではなかった。

しかし、一方、ウクライナ共産党内にはウクライナ化を積極的に進めるべきだとの意見もあった。かつてのボロチビスト（ウクライナ・エスエル党左派により一九一九年八月結成、一九二〇年三月解党してボリシェヴィキに合流）たちに加えて、フヴィリョヴィー、シュムスキー、ヴォロブーエフ、スクリプニクなどがその理論家であった。とくにフヴィリョヴィーは、一連のパンフレットを公刊し、ウクライナ文化のロシア文化からの独立を主張した。彼は、ウクライナが独自の発展をしていくためにはまずロシア、モスクワの影響から離れなくてはならない、と論じた。スターリンは二六年、これにたいしてウクライナ民族主義、分離主義であると、フヴィリョヴィーを直接名指しで批判した。

ウクライナ化は一九三三年までおこなわれたが、ウクライナ化の達成度合は分野によって異なった。ウクライナ化がもっとも順調に進んだのは教育の分野、とくに初等教育であった。二三年段階でウクライナ語による授業をしていた小学校は五〇％だったが、二八年には八二・四％までふえた。のちにウクライナ化がゆきすぎであると批判されたのもこの分野である。ウクライナ語の単行本の出版点数の割合は、二三年の三一％から三〇年の七八・一％に増大した。党のウクライナ化も比較的進展した。二三年にウクライナ共産党内のウクライナ人はわずかに二三・三％だったが、三三年には六〇％となった。ソヴィエト諸機関では、ウクライナ化はやや緩慢に進展し、公務員全体をみると二二年にウクライナ人は三〇％だったのが、二七年には五四・三％にとどまった。二〇年代後半から三〇年代初めの工業化にともない、労働者のなかでウクライナ人の占める割合も急速に増大した。

一九二〇年代後半から三三年まで、ウクライナ化政策を推し進めた指導者は、二七年に教育人民委員に就任した古参ボリシェヴィキのミコラ・スクリプニクであった。彼はレベジの「二つの文化の闘争論」を民族ニヒリズムとして批判すると同時に、強制的なウクライナ化をも排しつつ、ウクライナ化を着実に進展させていった。しかし、三三年初頭、ウクライナ化政策は、ゆきすぎ、ウクライナ民族主義的偏向を犯したとして、その責任者スクリプニクは党中央から厳しく批判されることになる。スクリプニクは三三年七月、自己批判を拒否して自殺した。スクリプニクの死によってウクライナ化の時代は終わり、ロシア化の時代がふたたび始まることになる。ウクライナ化を指導したウクライナ党のリーダーたち、文化人・知識人は、つぎつぎに逮捕、粛清されていくことになるのである。

飢　饉

一九二九年冬に始まる「上からの革命」、農業の全面的集団化、クラーク撲滅、穀物の強制的徴発は、ウクライナ農村を未曾有の混乱におとしいれた。二七年段階で、他人の労働力を雇って農業を営んでいるいわゆるクラークは、ウクライナ全体で、全農家の四％で、中農が六五・六％と三分の二を占め、雇・貧農は三〇・四％だった。革命前と比べると、ウクライナでも、大地主の消滅、クラークの減少、農民の中農化が、全体として農村における市場向け穀物の生産低下につながっていた。国の穀物調達価格が低くおさえられていたことも、穀物調達をむずかしくしていた。農村における党の勢力も、党・政府の政策を遂行するには不十分だった。二七年の党のセンサス（人口調査）によると、ウクライナの農村人口二四一〇万のところに党員と同候補は三万六三六〇人にすぎなかった。

一九二九年冬、集団化が開始されると、実際に農村で集団化、穀物調達、クラーク撲滅の作業に従事することになるのは「二万五〇〇〇人隊」などの都市から送り込まれた武装した労働者や党員であった。彼らは党・政府を代表する全権委員として仮借なく集団化を断行した。さらにウクライナでは、ウクライナ貧農委員会が組織され、集団化と非クラーク化に重要な役割をはたしていく。ウクライナでは三〇年末までに約二〇万の「クラーク」経営が撲滅（全財産没収のうえ、流刑）されたが、これは全農家の八％以上にあたり、本来のクラークの倍以上である。三〇年三月十日までにウクライナでの集団化率は六四・四％となったが、スターリンによるゆきすぎ是正の指示のあと、集団化率は、五月に四一・七％、七月に三〇・四％、十月に二八・七％と減少した。農民は多くが集団化に消極的あるいは敵対的であり、各地で抵抗した。ウクライナでは三二年までに牛の四八％、豚の六三％、羊・山羊の三二％が屠殺された。これもまた集団化への抵抗のあらわれのひとつとみることができる。

ウクライナでは一九三〇年秋以降ふたたび集団化が強行され、三一年十一月までに集団化率は六

ハリコフ市の街路で飢餓に行き倒れた人々(1933年春)　農村を中心に数百万人の犠牲者がでた。

九・三％にまで上昇した。三〇年の収穫は比較的良好で、二一六五万トンであったが、三一年の収穫は前年比六五％、一四〇〇万トンに落ち込んだ。集団化の強行による農村の荒廃、家畜の急減などが原因であった。翌三二年も前年を上回る不作の年だった。こうした生産の低下にもかかわらず、党・政府は農村からの厳しい穀物徴発の手をゆるめなかった。そのため、農村では、来年の播種《はしゅ》用の種や農民自身の食糧まで徴発の対象となり、農村で飢餓状態が現出した。スクリプニク、チュバーリ、コシオールといったウクライナ党の指導者は、集団化がウクライナ農業を破局に導き、あまりに苛酷な穀物徴発が農民を死に追いやっていると、党中央に批判的意見を上申したが、まったく無視されるか、逆にブルジョア的偏向であるとして断罪された。ウクライナ党の書記の一人テレホフが、三二年にハリコフ地域が悲惨な状況であることを伝え、穀物の送付を要請したとき、スターリンは、飢饉の作り話をするなら作家になれ、という返事を送った。

一九三二年夏、穀物が実り始めると、党・政府はこの収穫を確保するためにさまざまな非常措置をとった。三二年八月のコルホーズ財産保全法によると、一切のコルホーズ財産は国のものであること、コルホーズ財産にたいする窃盗の処罰は、全財産没収のうえ、最低一〇年の自由剝奪であった。さらに党は農地に見張りの塔の建設を指令し、武装見張り部隊を常駐させるように指令した。これは飢えた農民から収穫を守るためだった。農村における飢饉が深刻化すると多くの農民が農村を逃れ、食糧を求めて都市に向かったが、三二年十二月、ソヴィエト政府はパスポート条例により都市住民にパスポート携帯を義務づけた。パスポートを支給されない農民はこうして飢えた農村にとどまることを強制されたのだった。

一九三一、三二年の不作、集団化とクラーク撲滅政策をめぐる農村における戦争状態、家畜の大幅な減少、そして極端に苛酷な穀物徴発と強制措置は、ウクライナ農村を徹底的に荒廃せしめ、穀物不足はその破局、大規模な飢饉をむかえることになる。ソ連政府が飢饉の存在を否定しつづけ、それゆえいかなる食糧援助もなされなかったことが、犠牲者の数を大きくしたことは疑いえない。スクリプニクは自殺の直前、ウクライナと北カフカスで八〇〇万の餓死者がでたと語っている。多くの研究者が犠牲者の数をさまざまな方法で推定しているが、少なくとも当時のウクライナ人口の一割以上、四〇〇万から六〇〇万の人々がこの飢饉によって斃死《へいし》したとみられる。ウクライナ農村の経験した惨状は、世界史的にみても、世界大戦と、中国における「大躍進」、人民公社政策による犠牲を除けば、前代未聞、空前絶後のものであったといわねばならないだろう。

3 独ソ戦から独立まで

独ソ戦と西ウクライナの併合

一九四一年六月二十二日未明、ドイツ軍がソ連への攻撃を開始した。ウクライナ化政策の廃止、ロシア化への逆行、飢饉、粛清を経験したウクライナ人のなかには、独ソ戦の勃発にスターリン体制からの解放の希望をみた者もあった。とくに西ウクライナでは反ソヴィエト感情が強かった。三九年の独ソ不可侵条約の付属秘密議定書で西ウクライナ・ガリツィアはソヴィエトの勢力圏とされ、三九年から四一年までソヴィエト軍の占領を受けた。そして四一年のソヴィエト軍の撤収時に、ソヴィエト側は政治犯を中心に大量虐殺をリヴィウでおこなった。このためドイツ軍にたいする期待が高まったのであった。しかし、その幻想はすぐに打ち破られた。

一九二九年ウィーンで結成され、おもにポーランド領内で活動していたウクライナ民族主義者組織(ＯＵＮ)は、独ソ戦の開始期、ドイツ軍と協力した。ドイツ軍がソ連への攻撃を開始すると、ＯＵＮ

部隊はその先頭に立ってウクライナにはいってきた。四一年七月一日、ステパン・バンデラに率いられたOUN部隊はリヴィウでのソヴィエト軍との戦闘に勝利し、ラジオ局を占拠し、ウクライナ独立を宣言した。そしてステツコが臨時ウクライナ政府の首相に就任した。これにたいしてドイツ軍は、ウクライナ独立を認めず、ステツコとバンデラを逮捕し、ドイツのザクセンハウゼンの強制収容所に送り、二人はそこで終戦までの四年を過ごすことになる。ウクライナは帝国コミッサリアートの直轄統治の地となり、その指揮官にはエーリヒ・コッホが任命された。ドイツ軍は第一次世界大戦のときにもウクライナを占領しており、そのときには、ウクライナ人による傀儡《かいらい》政権であるヘトマン・スコロパツキー政権の存在を許したが、今回はそのような間接支配のかたちをとらず、直接・直轄支配をしいたのである。

一九四一年から四四年の三年間のドイツ軍によるウクライナの占領は、ドイツの「生活圏」としてのウクライナ支配であったから、穀物や原材料の確保を主要な目的としていた。コッホの支配はウクライナを植民地として徹底的に搾取することに主眼がおかれた。ウクライナ人は「劣等人種」として徴用され、数十万のウクライナ人が「東方労働者」としてドイツ本国に強制連行された。独ソ戦でウクライナは少なく見積もって五五〇万の死者をだした。そのうち民間人の犠牲者が三九〇万であり、さらにそのうち少なくとも九〇万がユダヤ人であった。

一九四二年十月ころ、それまでのOUNの諸部隊を統合・編成してウクライナ蜂起軍(UPA)が形

ウクライナ蜂起軍　森のなかに結集したウクライナ蜂起軍の一部隊。当時の総司令官はローマン・シュヘヴィチ(1946年撮影)。

成された。ＵＰＡの最初の部隊は西ウクライナ北部のポレシア(ポレシェ)およびヴォルイニの森林地帯にあらわれた。それはドイツ軍の穀物徴発にたいして農民が武装して自衛することによって始まった。このようにＵＰＡはドイツ軍の占領下、ドイツ軍との闘争の過程で形成された。ＵＰＡの中心はＯＵＮの組織を受け継いではいるが、四二年秋から四三年初めにかけて大規模に農民を吸収して急速に形成された。四三年秋、新収穫をめぐってドイツ軍とＵＰＡの戦いは一層熾烈なものとなった。このころにはＵＰＡ内部で急進派のバンデラ派の勢力が主流派となり、穏健派のメリニク派は弱体化し、バンデラ派に合流するものがふえた。四三年九月末で、ＵＰＡはバンデラ派を中心に三万から四万の戦闘力を擁する大勢力に成長していた。

一九四四年二月、ウクライナ共産党の当時の第一書記フルシチョフは、ＵＰＡ兵士に宛てた第一のアピールをだした。それにはＵＰＡの戦いは今や無意味であること、なぜならウクライナ人民の要請であるウクライナ国家の自由と独立はすでに達成されているからである、と述べられていた。同年二月一日のソ連憲法の修正で、外交権が連邦構成共和国に移譲されていることが、その念頭にある。ウクライナ・ソヴィエト政府からUPAにたいする投降勧告のアピールは四五年五月、十一月、四六年二月、四七年一月、四九年十二月に中央紙に掲載されている。今のところ知られているもっとも新しい時期の投降勧告は五六年二月、ヴォルイニの地方新聞『赤旗』に載ったものである。これは部分的にしろUPAの活動がそのころまで続いていたことを間接的に示している。そのほかにもUPAの活動の激しさを示す間接的な証拠がある。それは対UPA掃討軍の重要人物の戦死である。四四年にソ連南西方面軍(ウクライナ方面)司令官ヴァトゥーティンが戦死、四六年には同じくそれを継いだ司令官モスカレンコが戦死している。また、四七年にはポーランド国防次官シヴィエルチェフスキ(対UPA掃討軍ポーランド側責任者)も戦死した。ポーランドでは戦後の四七年四月から八月にかけて東部のウクライナ人を西部および北部に強制移住させる「ヴィスワ作戦」が遂行された。

一九四五年三月五日にはヴォルイニ地方の人口調査がおこなわれ、UPAの家族とみなされた者は、東方へ強制移住させられたが、これはいわば家族を人質にとる方法であった。また、四六年春から、ソヴィエト側は西ウクライナの森をつぎつぎに燃やしてなくしていく作戦をとったが、UPAの出撃基地としての森にたいする攻撃であった。さらに四七年五月、ソ連はポーランド、チェコスロヴァキア両国とUPAにたいする共同軍事行動を規定した協定を結んだが、これはこの当時UPAの主力が三国の国境周辺の山岳・森林地帯を根拠地にしていたためである。

一九四六年三月十七日にはウクライナ・カトリック教会(ユニエイト)が「民族主義的偏向」として廃止され、ロシア正教会への併合が決定された。これもUPAを支持し、UPA支持者の思想的・組織的よりどころとなっているウクライナ・カトリック教会にたいする攻撃であった。

さらに、ソヴィエト軍のUPAとの戦闘の進展は西ウクライナにおける集団化の進展と並行している。西ウクライナにおける農業集団化は一九四六年秋ごろから試みられたが、四七年から四八年のあいだは少しずつしか進展しなかった。四八年で集団化率は一〇%以下、四九年で四九%、五一年に九五・二%となった。この集団化もUPAとの戦いのなかで、UPAの支持基盤を失わせる、UPAとの闘いの一環としてなされたと考えられる。つまり、西ウクライナにおける集団化はUPAを孤立させ、壊滅させるために効果のあった政策といえる。集団化の進展とUPA主力軍の粉砕は並行している。UPAの勢力の大きさはソヴィエト軍がとったさまざまな手段をみれば間接的にうかがえる。それはまた西ウクライナ農民大衆の支持を受けていたことをも示している。

独ソ戦期のウクライナにかんして、重要事件のひとつは民族の強制移住である。クリミア・タタール人、ドイツ人、ギリシア人などが、対敵協力民族として中央アジア、カザフスタンに強制移住させられた。クリミア・タタール人の祖地クリミア自治共和国も廃止された。

また、ウクライナはベラルーシとならんで、国際連合に創立メンバーとして独自に参加したが、その決定は一九四五年のヤルタ会談でなされたものである。

シェレストとシチェルビツキー

一九五三年にスターリンが死去すると、ウクライナ共産党第一書記だったメリニコフは、あやまったロシア化政策を遂行したと批判され、ウクライナ人のキリチェンコにかわった。五四年にはペレヤスラフ協定三〇〇年が祝われ、クリミア半島はロシア共和国からウクライナ領に移管された。多くの粛清されたウクライナ人の名誉回復が五六年以降におこなわれた。五〇年代末から六〇年代前半にかけて、若い世代の作家や詩人たちによってウクライナ文化の活発化がはかられ、ふたたびウクライナ化を求める声が高まった。彼らは「六〇年代の人々」と呼ばれる。「六〇年代の人々」の代表的人物、作家で評論家のイヴァン・ジューバは六五年に『インターナショナリズムかロシア化か』を著わし、ソヴィエト政府のウクライナにおけるロシア化政策を厳しく批判した。彼は七二年に逮捕される。ジャーナリストだったヴャチェスラフ・チョルノヴィルは、六七年反対派にたいする裁判傍聴記を書いてソヴィエト体制を批判した。彼も六七年逮捕された。これに先立ち、弁護士だったレフ・ルキヤネンコは、ウクライナのソ連からの脱退を問う国民投票を提起して、六一年に逮捕され、二五年以上にわたるラーゲリ生活を送ることになる。

一九六三年からウクライナ共産党第一書記となったペトロ・シェレストは、部分的ではあるが、国内のウクライナ化を求める声に支持を与えた。彼は民族問題について時に、「穏健な」政策、つまりウクライナの民族的なるものを鼓舞する政策を採用した。シェレストは失脚後、「民族主義的偏向」を犯したとして批判された。そのひとつの例として、まだ第一書記のときに出版した『ウクライナよ、われらのソヴィエトの(Ukrajino, Nasha Radjans'ka)』が「民族主義的」と批判された。その理由のひとつは、本の題名に、Ukrajino というロシア語にはない呼格を使用した、つまりあえてウクライナとロシアの違いを強調して、ウクライナ民族主義をあおったというものであった。シェレストは外交政策においては強硬派で、六八年のチェコ事件に際しては政治局内で出兵を強く主張した。またアメリカとのデタントにも反対し、七二年のニクソン訪ソに政治局内で強硬に反対し失脚した。

一九七二年からウクライナ共産党の第一書記となったシチェルビツキーは、前任者シェレストに比べて、民族的なるもの、ウクライナの文化運動にたいしては冷淡であり、反対派にたいしては厳しい弾圧策で臨んだ。シチェルビツキーが第一書記に就任した七二年にはウクライナの反対派にたいする大量逮捕がおこなわれた。また七六年十一月には人権擁護団体ウクライナ・ヘルシンキ・グループが結成されたが、その活動家もほとんど逮捕された。シチェルビツキー時代は、ソ連のブレジネフ時代とほぼ重なるが、ソ連全体と同様、ウクライナでも保守的、抑圧的傾向の強い時代であった。

しかし、一九七九年四月ウクライナ共産党のイデオロギー担当書記マランチュークが解任されたことをきっかけにシチェルビツキー政権の民族政策に若干の変化がみられた。マランチュークはシェレストが失脚したとき、シェレストを「民族主義者」として批判した人物であり、シチェルビッツキー政権の厳しい民族政策を象徴する人物であった。この直後、リーナ・コステンコの作品が久しぶりに出版許可された。その作品はフメリニツキー時代のウクライナの栄光を描いたもので、十分に「民族主義的」なものであった。彼女は六〇年代、若き作家たちの旗手の一人として活躍したが、シチェルビツキー時代にはいって作品が発表できなかった詩人であった。八一年には戦後長いあいだ刊行されなかったヴァシル・シモネンコの詩集が公刊された。彼の詩にはかなり露骨な反ロシア的内容のものがある。翌八二年版のシェフチェンコの詩集『コブザーリ』にはそれまで彼の詩集に含まれることのなかった「偉大な地下墳墓」など、反ロシア的な感情を赤裸々に表明したものがはいっていた。

シチェルビツキーは一九八二年十一月、アンドロポフがブレジネフの後継書記長として就任すると き、チェルネンコではなくアンドロポフを支持した。そしてゴルバチョフが書記長となったあともソ連共産党政治局員の地位にとどまった。

ペレストロイカ——言語と宗教

ウクライナでペレストロイカ(ウクライナ語ではペレブドーヴァ)が本格化したのは、一九八六年四月のチェルノブイリ(チョルノービリ)原発事故のあとである。ウクライナのペレストロイカの特徴は、ウクライナ語とウクライナ民族宗教の復権を求める下からの運動として展開された点である。

ウクライナ語をめぐる問題が広く議論され、ウクライナ語についてのさまざまな要求や不満が表面化した最初の機会は、一九八六年六月にキエフでおこなわれたウクライナ作家同盟の大会であった。作家たちは、口々にウクライナ語の現在の状況に不安の念を表し、ウクライナ語が危機にある、と発言した。詩人のオリイニクは、教育の分野でのウクライナ語の状況を統計を示して批判した。彼によれば、ウクライナでは四八・七％の生徒がロシア語学校に通っており、キエフ市では三〇万一〇〇〇人の生徒のうち、ウクライナ語学校に通っているのはわずかに七万人にすぎない、という。作家同盟の元議長ホンチャルは、ウクライナ語に未来はない、というような考えと闘う必要があると述べ、この問題にかんして教育省を厳しく批判した。詩人パヴリチコはホンチャルとともに、ウクライナにおける学校すべてで、ウクライナ語とウクライナ文学を必修とすべきである、と主張した。散文作家プラチンダは、ウクライナ語をウクライナの国家語とすべきである、と述べた。また詩人ドラチは、いわゆる「国際主義的アプローチ」を批判して、「真の国際主義とは、自分自身の民族的誇りをもつことなしには成立しない」と発言した。

一九八六年の作家同盟の大会以降、ウクライナの作家・詩人たちが、ウクライナ語にかんしておもにどのような要求をだしたか、整理してみるとつぎのようになる。(1)ウクライナ語のアルファベットに「Ґ(G)ゲー」を再導入すること、(2)ウクライナ語出版物の増大、(3)学校におけるウクライナ語教育の拡充、これと関連して一般中等教育法の修正、(4)ウクライナ共和国におけるウクライナ語の国家語化。

まず、(1)のアルファベット「Ґ」の文字の再導入の問題が提起されたことは注目に値する。これは、一九二〇年代のウクライナ化をある意味で象徴する問題だからである。この文字は三三年まではウクライナで普通に使用されていたものだが、ウクライナ化政策の放棄とともにアルファベットから排除されたのである。「Ґ」はロシア語にはない文字であり、この文字の使用は「民族的偏向」として批判された。したがって、この要求は、スターリン以前の二〇年代のウクライナ化の時代に戻ることを主張しているのである。「Ґ」の文字はウクライナ独立の年、九一年に正式に復活した。

(3)の、学校教育におけるウクライナ語の問題は、この間もっとも熱心に論議されているテーマである。言語が維持・発展していくためには、学校において教えられることが必要であるから、この関心は当然のことであろう。

ウクライナ共和国の学校は、授業の言語によって三つのグループに分けられる。ウクライナ語学校、ロシア語学校、混合学校である。ここで、ウクライナ共和国の州都における言語別学校数の統計(一九八六年)をみると、ウクライナ語学校と混合学校はあわせて二八%であり、ロシア語学校は七二%となる。混合学校では、実際にはロシア語学校に実態が近づいていることを考えると、ウクライナの州都ではウクライナ語学校はわずかに一六%で、あとの八四%はロシア語学校ということになる。これは明らかに、両親に子どもの教育言語を選ぶ権利を与えている法律の存在が原因である。六〇年からこの法律は効力をもってきたが、その間に起こったことは、ウクライナの多くの都市で、ウクライナ語学校が消滅していったことだった。もしこの傾向が続けば、小都市や村々でもウクライナ語学校は消滅していき、ウクライナ語学校はカナダでのみ存在することになるだろう、と作家たちは嘆く。

つぎに(4)のウクライナ語を国家語、公用語とする問題であるが、ウクライナのインテリゲンツィアは、ウクライナ憲法にもグルジアなどと同じような国家語の規定を加えるように要求してきた。一九八九年にはいって、ウクライナでは二月十一日、首都キエフで「シェフチェンコ名称ウクライナ語協会」という民間団体が、ウクライナ語啓蒙活動のために結成された。この協会には、ホンチャル、パヴリチコ、ジューバ、ドラチといった主要な作家、詩人、インテリゲンツィア、とくに「六〇年代の人々」が名前を連ねているが、その綱領によれば、ウクライナ語の全般的発展のために、ウクライナ語の国家語化の要求が掲げられている。なおこのウクライナ語協会(のちに母語協会)は、ウクライナの人民戦線であるルーフ(運動)の組織的母体となる。

それまで民族語をその民族共和国において、国家語と規定していたのはザカフカスの三共和国であったが、一九八九年のうちにモルドヴァ、バルト三国、ウクライナがそれに踏み切り、九〇年にはベラルーシでもそれが決定された。ウクライナでは、八九年八月、ウクライナ共和国最高会議幹部会が言語法を採択したが、そこで、ウクライナにおける国家語と公用語をともにウクライナ語とすることに定めて、この問題にかんする議論に一応の終止符を打った。

ユニエイト　森のなかで非合法のミサをおこなうユニエイトの司祭と信徒たち(1987年夏，西ウクライナ)。

ウクライナにおけるペレストロイカでは言語問題とならんで、宗教問題が焦点となった。それは、ウクライナ・カトリック教会の復権の問題であった。通称ユニエイト(合同教会)と呼ばれるウクライナ・カトリック教会は、一五九六年十月、ブレストの合同により成立し、西ウクライナを中心に発展した。第二次世界大戦後、西ウクライナのガリツィアがソ連領となったとき、その地には約四〇〇万の信徒を擁するユニエイト教会が存在していた。ソヴィエト政府は、このウクライナ人大衆に広く支持され、きわめて民族的色彩の強い教会を組織的に解体し、ロシア正教会に合流させることに成功した。こうして一九四六年以来、ユニエイト教会は存在しないことになり、非合法の教会となったのである。ソ連では、準国家宗教であるロシア正教を除けば、すべての宗教が多かれ少なかれ迫害を受けてきたが、教会組織そのものの存在が許されていなかったのは、このウクライナ・カトリック教会とウクライナ正教会(これも三〇年代にロシア正教会に合流させられている)ぐらいのものである。

しかし、非合法化による弾圧は、ユニエイト教会を消滅させるどころか逆に彼らの信仰と民族的団結を強化する結果となった。ユニエイト司祭の逮捕や流刑、教会の没収、ミサの禁止などにもかかわらず、ウクライナ各地でユニエイトの宗教活動が維持され、一九八〇年代終わりの信徒数は五〇〇万にのぼるとみられている。彼らはこの間、一貫してユニエイト教会の合法化を要求してきたが、八七年八月にイヴァン・ヘリを長とするウクライナ・カトリック教会再建委員会を結成して、公然活動を開始した。この委員会は、八七年の終わりにユニエイト教会の合法化を求める四万人の署名を集めて、ロシア正教会とソ連政府に手渡そうとした。ソ連政府およびウクライナ政府は、こうしたユニエイトの公然活動にたいして弾圧方針で臨んだ。八七年にはウクライナ共和国刑法二一二条につぎの文章が加えられた。「禁止されているユニエイトのミサに参加した者には罰金五〇ルーブルを課す」。さらに当局はロシア正教会と協力して、ユニエイトの活動がとくに活発な地域で正教の対抗活動を強める政策をとった。その結果、八七年終わりから八八年の前半にかけて西ウクライナでは約一〇〇のロシア正教の新しい教区が誕生した。つまりゴルバチョフ政権は当初ユニエイトの要求にたいして、これをまったく認めず弾圧方針で対応したのであった。

ソ連政府およびロシア正教会のかたくなな態度が続いた結果、ユニエイト問題は一九八九年に先鋭化の様相を呈してきた。八九年初めに、リヴィウでウクライナ・キリスト者民主戦線なる組織が結成されたが、その綱領には、ユニエイト教会の合法化だけでなく、良心的兵役拒否を認めること、イースターとクリスマスを休日にすること、複数政党制を認めること、昔の国旗・シンボルの復活、一八年一月二十二日のウクライナ独立(中央ラーダ政権による)を記念してその日を祝日にすること、などが要求としてはいっている。つまりユニエイト問題をきっかけに、しだいに民族運動としてラジカル化していく傾向がみえ始めたのである。

このユニエイト問題にとって大きな転機となったのは、一九八九年暮れのゴルバチョフのバティカン訪問であった。ゴルバチョフがローマ教皇と話すことは、一般的なバティカンとの関係修復の問題を除けば二つしかない。それはリトアニアとウクライナのカトリックの問題である。ゴルバチョフはローマ教皇との会見のなかで、ユニエイト＝ウクライナ・カトリック教会の合法化をはじめて約束した。このとき、教会財産返還の問題は明言されなかったが、九〇年にはいると、西ウクライナ各地でユニエイトとロシア正教徒のあいだで散発的に衝突も報告されたが、しだいにロシア正教会が没収した教会財産はユニエイト教会に返還されていった。

こうして言語問題を提起した知識人とユニエイト問題で争点の地となった西ウクライナという、ウクライナのペレストロイカを領導していく勢力が登場したのである。

独立へ

言語、宗教といった文化的復権の運動として始まったウクライナの民族運動はしだいに政治化し独立要求へと進んでいくが、その過程はウクライナの人民戦線にあたる「ペレストロイカのためのウクライナ人民運動」(通称、ルーフ＝運動)という組織の形成、発展と密接につながっている。人民戦線的な組織形成の動きはすでに一九八八年からキエフの作家や西ウクライナであらわれていたが、八九年九月のシチェルビッキーの失脚までは実現しなかった。シチェルビッキーが失脚した直後の八九年九月、ルーフは創立大会をキエフで開催し、議長に詩人のドラチを選んだ。ルーフは中央ラーダ以来の民族統一戦線ともいえるもので、共産党から作家同盟、かつての反対派、元政治犯までを含むゆるやかな連合体であった。当初のルーフの姿勢は穏健なもので、ペレストロイカを支持し、ソ連邦の民主的変革とそれへの残留、共産党とも協力していく方針を明らかにしていた。しかしルーフはしだいに急進化した。そのきっかけとなったのは九〇年三月のウクライナ最高会議の選挙戦であった。共産党主流派および政府当局は、ルーフを公認団体として登録することを二月まで拒否することによってルーフの勢力の最高会議への進出を阻止しようとした。選挙戦の過程でルーフと共産党主流派との対立が鮮明となったのである。選挙の直前にだされた声明でルーフははじめてウクライナの独立を主張した。

選挙はルーフ派にきわめて不利な妨害や手続きのなかでおこなわれたが、ウクライナ全体で四分の一の議席がルーフ派＝民主ブロックの手に渡り、西ウクライナではほとんどの議席が民主派によって独占された。ルーフ派の善戦であった。その後ルーフの指導部は、ドラチ、パヴリチコなどほぼ全員が自発的に共産党を離党するか、除名処分となった。九〇年十月の第二回大会でルーフは組織の名称からペレストロイカを削除し、ウクライナの完全独立を目標に掲げるにいたったのである。ルーフは八九年九月の創立時にはメンバーが二八万人だったが、第二回大会時には六三万三〇〇〇人と倍以上にその勢力を拡大した。共産党員が九〇年の一年間で一五万人も離党したことを同時に考えれば、八九年から九〇年にかけてウクライナの政治状況は急激な変化を経験していたことがうかがえるだろう。

一九九〇年七月ウクライナ最高会議は主権宣言を採択した。これまでのウクライナがソ連邦のなかで事実上、主権の一部を喪失していたことへの自覚、その回復という側面をこの宣言はもっている。六月四日、最高会議議長にウクライナ共産党第一書記イヴァシコを選出した最高会議は、続いてウクライナの主権宣言の審議にはいった。しかし、この審議の最中、イヴァシコをはじめとする六三人のウクライナ最高会議メンバーが、モスクワでおこなわれたソ連共産党第二八回党大会に出席するためキエフを離れてしまったのである。ウクライナ国家の主権宣言の審議という重要な場に最高会議議長が不在という事態に困惑した最高会議は七月七日、イヴァシコ以下モスクワにいる共産党員にたいしてキエフに戻って審議に加わるように要請した。しかし、この要請は無視され、イヴァシコはソ連共産党大会で新設の副書記長に選ばれ、ウクライナ最高会議議長を辞職することが明らかになった。このイヴァシコとウクライナ共産党代表団の行動は、ウクライナ最高会議内で一種の「裏切り」とみなされ、ウクライナ主権宣言の内容をめぐる急進派とウクライナ共産党主流派の議論で急進派の主張に有利に作用し、主権宣言は結局七月十六日、賛成三五五、反対四、棄権六の圧倒的多数で採択された。主権宣言の採択は、ウクライナの政治地図を塗りかえる画期的な出来事であった。それはウクライナ共産党内部に「主権派」と「モスクワ派」の分裂をもたらし、「主権派コミュニスト」を多数派として登場せしめ、ルーフ＝民主派と「主権派コミュニスト」の結合をもたらしたからである。これ以降ウクライナは政治的独立へ向かって動き出すことになる。

一九九〇年秋、ウクライナの大衆的な政治的雰囲気はさらに急進化した。十月二日、キエフの中心の広場に学生たちがテントを張り、ハンストを開始した。学生たちの要求は、マソル首相の辞任、兵役のウクライナ領内限定、新連邦条約調印拒否、共産党財産の没収などであった。最高会議は十月十七日、この要求をほぼ認め、マソル首相は辞任に追い込まれた。ゴルバチョフ政権は九〇年十一月新連邦条約の草案を発表する一方、連邦維持をめぐっての国民投票を実施することを決定した。これを受けて、ウクライナでは九一年三月十七日、「刷新された連邦」の維持の是非を問う連邦中央の質問に加えて、共和国独自の質問として、「主権宣言を基礎にした主権国家ウクライナが主権国家連邦に加わる」ことの是非が同時に問われた国民投票がおこなわれた。投票した者のうち、第一の質問に七〇％、第二の質問に八〇％が賛成した。重要なのは九〇年七月の主権宣言がより多くの支持をえたこ

1990年秋の学生たちのハンスト　新連邦条約に反対し，マソル首相を退陣に追い込んだ。

とである。またこの日、西ウクライナ三州では、第三の質問としてウクライナの完全独立の是非が問われたが、これは九〇％の賛成をえた。

国民投票の一カ月後、いわゆる「九＋一共同宣言」が発表された。この宣言はゴルバチョフ政権が、新連邦条約を主権国家間の新条約と規定し、それまでのソ連邦の維持を事実上諦めたという点で画期的なものであった。しかし、この新連邦条約は調印にいたらなかった。一九九一年八月十九日のクーデタは、翌二十日に予定されていた新連邦条約調印を阻止することを直接のきっかけとしておこなわれた。連邦維持派は新連邦条約調印が事実上ソ連邦の解体につながるという危機感をいだいたのである。クーデタの日、キエフにはクーデタ支持の将軍ヴァレンニコフ(当時ソ連国防次官、ソ連地上軍総司令官)が赴き、ウクライナ最高会議議長クラフチュークらと会見し、クーデタ支持を要請したが、ウクライナ側は支持を表明しなかった。八月二十四日に開催されたウクライナ最高会議で、民主派ブロックが提案した独立宣言が、出席者四〇〇人のうち三四六の賛成をえて、可決された。この日がウクライナ独立の記念日となった。

独立宣言は採択の日から効力をもつと書かれていたが、国民の意志確認のために十二月一日に国民投票がおこなわれることになった。この日はかねて大統領選挙がおこなわれることになっていたので、この二つの投票が同時におこなわれた。

独立を問う国民投票は投票率八四・二%、賛成九〇・三%の圧倒的多数で承認された。また、大統領選挙は、クラフチュークが六一・六%の得票率で、西ウクライナを地盤にした対立候補チョルノヴィル（二三・三%）を破って初代の大統領に当選した。こうしてウクライナの独立が確認され、ポーランドを最初として諸外国もウクライナの独立を承認した。ウクライナの国民投票の二日後、ベラルーシのミンスク郊外に集まった、ロシア、ウクライナ、ベラルーシ三国の指導者はソ連の解体と独立国家共同体（ＣＩＳ）の結成を宣言した。

ソヴィエト時代のベラルーシ

両大戦間期ベラルーシはポーランド領とソ連領とに分かれていた。ソヴィエト・ポーランド戦争ののちのリガ条約（一九二一年）で三五〇万のベラルーシ人が住むベラルーシ西部はポーランド領となり、

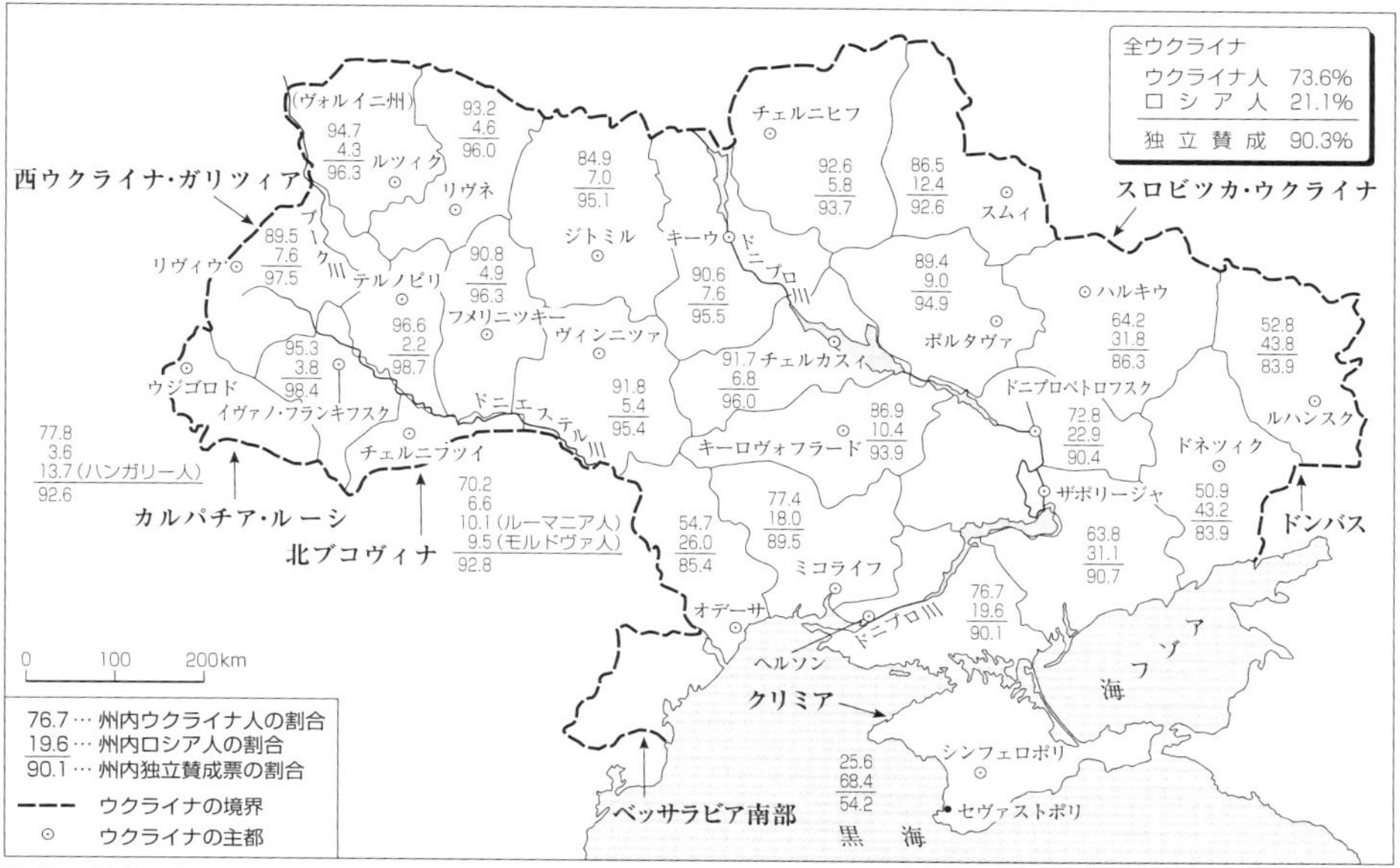
全ウクライナ
ウクライナ人 73.6%
ロシア人 21.1%
独立賛成 90.3%
西ウクライナ・ガリツィア
スロビツカ・ウクライナ
カルパチア・ルーシ
北ブコヴィナ
ドンバス
ベッサラビア南部
クリミア
(ヴォルイニ州)
94.7 4.3 96.3 ルツィク
93.2 4.6 96.0 リヴネ
84.9 7.0 95.1 ジトミル
チェルニヒフ 92.6 5.8 93.7
86.5 12.4 92.6 スムィ
リヴィウ 89.5 7.6 97.5
ブーク川
テルノピリ 96.6 2.2 98.7
90.8 4.9 96.3 フメリニツキー
キーウ
ドニプロ川
90.6 7.6 95.5
89.4 9.0 94.9 ポルタヴァ
ハルキウ 64.2 31.8 86.3
52.8 43.8 83.9 ルハンスク
ヴィンニツァ 91.8 5.4 95.4
91.7 6.8 96.0 チェルカスィ
ウジゴロド 95.3 3.8 98.4
イヴァノ・フランキフスク
ドニエステル川
チェルニフツィ
77.8 3.6 13.7(ハンガリー人) 92.6
70.2 6.6 10.1(ルーマニア人) 9.5(モルドヴァ人) 92.8
キーロヴォフラード 86.9 10.4 93.9
ドニプロペトロフスク 72.8 22.9 90.4
ドネツィク 50.9 43.2 83.9
ザポリージャ 63.8 31.1 90.7
54.7 26.0 85.4 オデーサ
77.4 18.0 89.5 ミコライフ
ヘルソン 76.7 19.6 90.1
アゾフ海
シンフェロポリ 25.6 68.4 54.2
セヴァストポリ
黒海
0 100 200km
76.7…州内ウクライナ人の割合
19.6…州内ロシア人の割合
90.1…州内独立賛成票の割合
ウクライナの境界
ウクライナの主都
独立の是非を問う国民投票の州別結果(1991年12月1日実施)

戦間期を通じて厳しいポーランド化政策がおこなわれた。一方、五〇〇万の人口をかかえるベラルーシ東部では一九年初めにベラルーシ・ソヴィエト社会主義共和国の成立が宣言され、二一年十二月にソ連邦の結成に加わった。

一九二〇年代のソヴィエト・ベラルーシでは、ほかのソヴィエト共和国と同様、コレニザーツィア（土着化）政策がとられ、ベラルーシ化政策がおこなわれた。ミンスクにベラルーシ国立大学が開校し、ベラルーシ科学アカデミーも設立された。政府機関の指導的ポストにはベラルーシ人が多く登用された。しかし、三〇年代になるとベラルーシ化政策は放棄され、多くのベラルーシ人指導者が「民族主義者」として粛清されていった。一方、三〇年代の工業化により、都市化が進み、都市でもベラルーシ人が多数派となった。

一九三九年のモロトフ＝リッベントロップ協定（独ソ不可侵条約）により、ポーランド領だったベラルーシ西部はソ連領に編入された。しかし、四一年からの独ソ戦でベラルーシは激しい戦場となり、膨大な人的・物的被害をこうむった。首都ミンスクではただひとつの建物を除いてすべての建物が破壊されたほどであった。この独ソ戦期にベラルーシ全土で対独パルチザンが戦われたが、マズラウなどそのリーダーが、戦後ベラルーシ政治の指導者となった。

戦後、ベラルーシでは戦災からの復興が急速に進み、農業においても工業においてもソ連で有数の先進地域に発展した。とくに金属・機械産業がミンスクを中心に集中していた。工業の発展とならんで、戦後のベラルーシではロシア化も進展した。ベラルーシ人のベラルーシ語母語率は、一九七〇年の八〇・五%から七九年には七四・二%となり、連邦構成共和国では最低であった。ペレストロイカ期にはいってベラルーシ知識人が最初に要求として提起したのが、このベラルーシ語の保護の問題であった。八六年十二月十五日、ベラルーシの知識人二八人は連名でゴルバチョフ書記長に、ベラルーシ語とベラルーシ文化を保護するための措置をとるよう要請する手紙を送った。このころ、考古学者のジアノン・パズニャクは、ミンスク郊外のクラパティの森で、三七年から四一年のあいだにソヴィエト政府によって殺害された三〇万人以上の犠牲者の埋葬地を「発見」して公表した。この事件がベラルーシにおけるペレストロイカを本格化させることになった。また、ベラルーシは八六年のチョルノービリ原発事故の際、「死の灰」の七〇%が領内に降る被害を受けた。言語、クラパティ虐殺の「発掘」、チョルノービリの三つがベラルーシにおけるペレストロイカのイシューとなり、反対派を結集させる結果になった。それが八八年十月に結成されたベラルーシ人民戦線であった。

第四章

独立と民主化の時代

1　ウクライナ

クラフチューク政権――ロシアとの対立

一九九一年十二月の大統領選挙で当選したクラフチュークは、ウクライナ共産党内でキャリアを積んできた人物であり、ウクライナの独立に消極的な親ロシア派とみなされてきた。しかし、主権宣言以来、「主権派コミュニスト」のリーダーとなり、短期間のうちに、かつての反対派、ルーフ、西ウクライナのリーダーたちとの連合を形成し、独立後はウクライナ独立を強化する立場に自らをおいた。そのため九二年にはいると、ロシアとの対立が鮮明化した。ロシアとの対立点はきわめて多く、核兵器の移送、黒海艦隊分割、クリミア独立、セヴァストーポリ港帰属、二重国籍、エネルギー債務、ソ連邦資産などの問題にかんして両国間で断続的に交渉が続いた。

核兵器のロシアへの移送については、ウクライナは当初、移送費用の問題などを理由として難色を示していたが、国際的圧力もあり、また独立当初、非核中立を国の基本政策としたこともあって、結局、すべての核兵器がウクライナからロシアへ移送され、作業は九六年に完了した。

クラフチューク　独立ウクライナの初代大統領。ウクライナ共産党第二書記，ウクライナ最高会議議長をへて，1991年12月から94年６月まで大統領職にあった。

黒海艦隊分割問題は、ロシア、ウクライナの両国の大統領が、ダゴムイス（一九九二年七月）、マサンドラ（九三年九月）などにおいて会談し、決着したかにみえた時期が何度かあったが、いずれも議会の同意がえられず、クラフチューク政権の時期には最終的に決着をみなかった。セヴァストーポリ港の帰属についても、ロシアはロシア領であるという姿勢をくずさず、ウクライナはウクライナ領を主張し、対立が続いた。

クリミアは、一九五四年まではロシア領だったが、その年にフルシチョフによってウクライナへ移管された地域で、当時ウクライナ共和国内で唯一の自治共和国となった。住民構成は、ロシア人が三分の二、約三分の一がウクライナ人、そのほかに独ソ戦期に中央アジアに強制移住させられたクリミア・タタール人が二〇万人程帰還していた。九二年から九四年にかけて、クリミアではウクライナからの分離独立、ロシアへの帰属要求がロシア人住民を中心に強力に推進され、これを阻止しようとするウクライナ政府とのあいだに緊迫した対立が生じ、散発的ながら衝突事件も発生した。ロシアは議会を中心に、クリミアのウクライナからの分離を支持したため、ウクライナとロシアの厳しい対立の一要因となった。しかし、ロシア政府は、九四年末を境にクリミアの分離運動にたいして一切支持を表明しなくなった。それはチェチェン紛争の影響である。ロシア国内のチェチェンの分離独立運動にたいしては、断固としてそれを認めず弾圧策をとっているのに、ウクライナ国内のクリミアの分離独立運動を支持するのは矛盾した政策であり、ダブル・スタンダードとの批判を国際的に受けたからである。ロシアの支持を失って、クリミアの独立運動は、いわば「受け皿」を失うことになり、急速に鎮静化していった。これに加えて、国連安保理での、ウクライナ領土保全決議や、欧州安全保障協力会議(CSCE)の働きかけなど、国際世論の圧力などもクリミアにおける運動の鎮静化の要因と考えられる。

二重国籍問題とは、ロシアが、ウクライナに住むロシア人にたいして、ウクライナ国籍以外にロシア国籍も認めるように要求している問題である。ウクライナ政府は一貫してこの要求を拒否している。これを認めれば国が分裂するというのが、ウクライナ側の危惧である。

ウクライナはエネルギー資源に乏しく、原油と天然ガスのほとんどをロシアからの輸入に頼っているうえ、その代金の支払いができず、ロシアにたいする債務は膨大な額となっていた。そしてそのエネルギー債務の存在が、ウクライナ経済の再建にとってネックともなっていた。九四、九五年の冬にはロシアからのエネルギー供給が一時ストップし、ウクライナ住民は文字どおりの「寒い冬」を経験した。

ウクライナとロシアの関係がぎくしゃくしたもうひとつの重要な原因は、CISの統合強化にたいする態度の違いにあった。ロシアはCISをたんなる経済協力組織としてではなく、さらに進んで、政治・軍事統合組織として強化しようという意図を明らかにしていた。ウクライナは、CISがかつてのソ連のような、ロシアを盟主とした超国家的政治統合体になることに最初から消極的であった。

クラフチュークは大統領に就任すると、その立場を「ウクライナ・ナショナリスト」に近づけ、かつての反対派やルーフを政権内に取り込み、大統領権限を強化して一種の「権威主義体制」をつくり上げることに成功した。しかし、その権威主義支配は長続きしなかった。ウクライナは独立以来、急速な生産の落ち込みとハイパーインフレを経験していたが、クラフチューク政権が経済改革と経済の再建に有効な施策を打ち出せなかったことが最大の要因であった。また、これと関連して、あまりにも強硬なロシアとの対立路線にたいして、ロシアとの関係改善を求める動きが国内にあらわれたからである。さらに一九九四年三月の最高会議選挙の際、ルーフが分裂し、旧共産党系が躍進したこともクラフチュークの政権基盤を弱体化した。九二年十月に首相となったクチマは、大統領権限の縮小、経済再建、対ロシア関係の改善を掲げてクラフチュークに挑戦した。

クチマ政権

一九九四年七月に現職のクラフチュークを破って当選したレオニード・クチマ新大統領は、クラフチュークのもとで首相を務めた人物だが、親ロシア派と目されていたので、ロシアとの関係はやや安定化、改善に向かった。しかし、クチマは、たとえばクリミア分離運動にたいしてはむしろ前任者のクラフチュークよりも厳しい抑圧政策をとったことからもうかがえるように、必ずしもロシアにたいして譲歩する姿勢を強めたわけではない。大統領選挙の最中は、二言語政策(ウクライナ語とロシア語の平等政策)を掲げ、ウクライナ東部、ドンバスの圧倒的支持をえたが、当選後は二言語政策を放棄し、東部ウクライナの失望を招きながらもウクライナ独立堅持の路線を踏襲した。

クチマ政権の課題は、最悪の状況に陥った経済の再建であったが、官僚層をはじめとする旧ノメンクラトゥラとそれを代表する最高会議の保守派の抵抗にあい、遅々として進まなかった。大統領は権限強化をはかり、議会はそれを阻止しようとして対立が続いた。最高会議と大統領の政治的対立は、一九九四、九五年と長期化し、泥沼的様相を呈したが、九六年にはいって急転回が起こった。最高会議と大統領の権限争いの重要な背景は、独立後のウクライナで新憲法が制定されていなかったことにあったが、九六年六月ついに新憲法が制定された。これは大統領と最高会議の政治的妥協が成立したことを意味しており、ウクライナの政治状況はこれを境に安定化に向かった。なお、この新憲法でクリミアは、自治共和国として独自の憲法、最高会議をもつことが明記された。

ウクライナ経済は、独立後最悪の状態にまで落ち込んだ。ソ連時代に共和国間分業が進んでいたこともあり、諸共和国間の産業連関が断ち切られたことが大きな原因となり、工業生産の落ち込みが甚だしかった。農業生産はそれほど影響を受けなかったが、この工業生産の落ち込み、ロシアから輸入するエネルギー価格の高騰などにより、年間インフレ率五〇〇〇%を超えたときすらあった。民営化も遅々として進まず、ドンバス炭田の老朽化による生産性の低下が著しく、ストライキも多発した。炭坑労働者に限らず、全国的に賃金の未払いが恒常化し、国民の経済生活は極度に悪化した。一九九六年九月、ウクライナ政府は新通貨フリヴニャを導入した。独立以来、カルボヴァネッツと呼ばれるクーポンを使用していたが、政治状況の安定化にともない、ようやく新通貨の導入に踏み切ったのである。それ以来、インフレ率は月数%に下がり、経済の復興に光がみえてきた。ＩＭＦなどの国際機関、西側諸国の援助も軌道にのり、クチマ大統領は経済再建を最優先課題として取り組んだ。

クチマ政権になって近隣諸国との関係も改善に向かって大きく進展した。一九九七年五月、ロシアとのあいだの懸案であった友好協力条約が調印された。これによって黒海艦隊分割問題、セヴァストーポリの帰属問題、債務問題が基本的に解決の運びとなり、両国間の国境も確定した。これに先立ち、ウクライナはポーランド、ベラルーシ、それにルーマニアとのあいだに国境確定を含む条約を結び、周辺諸国との領土問題は一応解決した。とくに、ルーマニア、ロシアとのあいだに条約が調印された背景には、北大西洋条約機構（NATO）の東方拡大がウクライナに有利に作用したとの見方が強い。独立直後、ウクライナはCIS結成に参加しながらも、CISの政治統合には消極的で、いかなる政治・軍事ブロックにも加わらない中立政策を掲げていた。しかし、九四年にクラフチュークを破って大統領に当選したクチマは、九五年春に中立政策が現実的でないと言明し、中立政策の見直しを示唆した。この時期は、ちょうどNATOの東方拡大問題が表面化し、ロシアと欧米がNATO拡大をめぐって厳しく対立し始めたころであった。旧ソ連西部地域の共和国のうち、バルト三国は明確にNATO加盟を希望し、西側ブロックの一員となることをめざした。逆にベラルーシは、ルカシェンコ大統領の指導のもとに、ロシアとの統合を進めており、ロシアブロックの一員となることをめざした。西欧に向くのか、ロシアに向くのか、態度を保留したとみられたのがウクライナであった。

しかし一九九五年ころからウクライナの外交方針に微妙な変化がみられたことも事実である。それまで、ロシアと対立しながらも、ロシアとの関係改善を外交の最優先課題としてきたウクライナ政府が、おりにふれ、欧米とくにアメリカとの関係強化を優先させるような発言をするようになった。このウクライナの動向は、ウクライナ・ロシア関係のみならず、CISの将来、NATOの東方拡大の行く末など、旧ソ連・東欧地域全体に大きな影響を与えるファクターとなったのである。

クチマはEUやNATOへの加盟希望を表明し、西側諸国から多額の支援を引き出すのに成功した。また対米関係の強化を進めると同時に、ロシアへの核兵器の完全移送や、チョルノービリ(チェルノブイリ)原子力発電所の閉鎖も実現し、一九九七年にはロシアとの懸案であった友好協力条約を調印し、ロシアとの関係にも配慮した。クチマ政権の内政上のもっとも重要な課題は経済の再建であった。新通貨フリヴニャの導入などさまざまな施策を実施したが、工業生産等の回復はみられなかった。クチマ政権は新興財閥と癒着し、しだいに強権体質を強めていき、それに批判的な欧米との関係は冷却化した。二〇〇〇年にクチマ政権を批判していたジャーナリスト、ヘオルヒー・ホンハーゼ(ゲオルギー・ゴンガーゼ)が殺害されると、クチマ大統領が関与しているとの疑惑が録音テープによって浮上し、野党勢力による大統領退陣要求が高まり、ウクライナ国内の政局は急速に流動化した。〇二年の議会選挙では、クチマ与党の「統一ウクライナのために」ブロックは、ユーシチェンコ率いる「我らがウクライナ」ブロックと共産党につぐ第三党となった。この後、クチマはドネツィク州の知事であったヤヌコーヴィチを首相に任命した。

二〇〇四年十一月の大統領選挙では、ヤヌコーヴィチとユーシチェンコの決戦投票となったが、投票結果をめぐって、国を二分する「オレンジ革命」と呼ばれる大混乱となり、再選挙がおこなわれた。同年十二月の選挙でユーシチェンコがヤヌコーヴィチを破り大統領となった。ユーシチェンコはウクライナ国立銀行の理事長を務めていたが、一九九九年にクチマにより首相に任命されていた人物である。〇五年一月に正式に大統領に就任し、首相にオレンジ革命の盟友だったティモシェンコを首相に任命した。しかしすぐに政権内部でティモシェンコと対立し、同年九月にはティモシェンコ以下全閣僚を解任した。その後、ティモシェンコは一〇年と一四年の大統領選挙に立候補したが、いずれも落選した。ユーシチェンコは〇七年に一九三二〜三四年のホロドモール(飢餓による殺害、大飢饉)をウクライナ人に対するジェノサイドであると主張した。

二〇一〇年の大統領選挙で、ヤヌコーヴィチが、ユーシチェンコ、ティモシェンコを破って第四代大統領となった。ヤヌコーヴィチはウクライナ東部ドンバスの出身で、〇二年から〇四年までクチマ大統領のもとで首相を務めたが、親ロシア派として知られていた。ウクライナは一三年にEUとのあいだに政治・貿易協定を仮調印し、EUとの接近を進めていたが、ヤヌコーヴィチはこれを反古にし、調印を拒否することを明らかにした。さらにロシアとのあいだに融資にかんする協定を結んで、ロシアとの結びつきを強めることも明らかにした。

二〇一四年は、ウクライナの政治情勢にとって大きな転換点となった。その年二月、独立広場(マイダン)に反政府側がテントを張り泊まり込み、その広場を中心としたデモ、治安部隊による狙撃事件(反政府側による意図的な挑発という見方もある)および労働会館の火災をきっかけにウクライナ国内で大規模な反政府デモが起こった。警官隊、治安部隊が鎮圧に乗り出し、キーウ(キエフ)は騒乱状態となり、銃撃も起こり、警官・治安部隊一六人を含む一三〇人が死亡し、一一〇〇人以上が負傷する惨事となった。のちに「マイダン革命」「ユーロ・マイダン革命」、あるいは「尊厳の革命」と呼ばれるものである。この「マイダン革命」の特徴は、デモが暴力的になり、政府側と激しい衝突となった点にある。この騒乱のなかで身の危険を感じたヤヌコーヴィチ大統領は、二月二十二日にキーウを脱出し、ウクライナ東部へ逃れ、その後ロシアに亡命した。ウクライナ議会は、大統領を解任する決議をおこない、暫定大統領としてトゥルチノフを選出し、五月二十五日に大統領選挙をおこなうことを全会一致で決定した。この選挙で、ユーシチェンコ政権で外相を務め、菓子メーカー「ロシェン」のオーナーで「チョコレート王」と呼ばれた富豪、オリガルヒの一人であるポロシェンコが第一回投票で五四％の得票で第五代大統領に選ばれた。

これに先立ち、クリミアで大きな動きが起こった。クリミアはフルシチョフ時代の一九五四年にロシア共和国からウクライナ共和国に移管されたが、当時はソ連のなかでの変更であり、ロシアとウクライナの友愛のしるしという説明を誰も疑問に思わなかったし、六〇年後に係争の地になるとは考えなかったのである。

クリミア危機とドネツィク、ルハンスク問題

二〇一四年三月十一日、クリミアとセヴァストーポリがウクライナからの独立宣言をおこなった。三月十六日、そのクリミアとセヴァストーポリで住民投票がおこなわれ、「九割以上」の独立賛成票

を得た。三月十七日、ロシアは「クリミア共和国」の独立を承認したうえで、さらに翌日、条約によりロシア連邦に併合した。ロシアはクリミア住民にロシア旅券の発給を開始し、通貨もウクライナのフリヴニャからロシアのルーブルに変更した。なお、クリミア半島の先住民族である、クリミア・タタール人は住民投票をボイコットした。国際社会の多くは、住民投票および併合を認めず、国連総会での住民投票を認めないとする決議は、賛成一〇〇、反対一一、棄権五八で採択された。安全保障理事会ではロシアの拒否権により否決されたため、この国連総会での決議には、勧告以上の拘束力はない。

クリミアに続いて、ドネツィクとルハンスクでも親ロシア派がウクライナからの独立に動いた。二〇一四年四月七日、ドネツィク州の州都ドネツィクで、親ロシア派のデモ隊が州議会を占拠し、「ドネツク人民共和国」の建国を宣言した。首相には、五月十六日にロシア国籍のボロダイが任命されたが、八月にはドンバス出身のザハルチェンコにかわった。ザハルチェンコは一八年八月にドネツィク市中心部で起こった爆発で死亡したため、副首相だったトラペズニコフが暫定首相となった。ルハンスクでは、一四年四月二十七日、親ロシア派住民により、「ルガンスク人民共和国」の建国が宣言され、ウクライナからの独立も同時に宣言した。両共和国の支配地域は、面積で州の南部の三分の一、人口でおよそ半分である。ウクライナ政府はこの両共和国の独立を認めず、両共和国を「テロ組織」に指定し、軍事行動を開始し、戦争となった。これをドンバス戦争と呼ぶ。ロシア側は否定しているが、八月二十二日にロシア部隊がウクライナ国境を越えてドンバスにはいった。これによって両共和国側はウクライナ軍にたいする反撃に成功した。

欧州安全保障協力機構（ＯＳＣＥ）がこのドンバス戦争の停止を求めて介入した。その結果、ロシア連邦、ウクライナ、「ドネツク人民共和国」、「ルガンスク人民共和国」の四者が、ドンバス地域における戦闘の停止について合意し調印したのが、二〇一四年九月五日のミンスク議定書であった。この議定書では、停戦の実施、ＯＳＣＥによるその監視、ドネツィク州、ルハンスク州への特別な自治の付与、州境両側に衝突を避けるために緩衝地帯を設けること、などが決められた。

この停戦合意にもかかわらず、二〇一四年九月二十八日にドネツィク国際空港をめぐって「ドネツク人民共和国」軍とウクライナ政府軍との戦闘が始まり、ミンスク議定書による停戦は短期間のうちに終わりを告げた。空港での戦闘は、「ドネツク人民共和国」側の勝利、ウクライナ軍の撤退で、翌一五年一月二十一日に終了した。この戦闘での双方の死者の合計は一〇〇〇人をこえるといわれている。一五年二月十二日には、ドイツとフランスの仲介により、「ミンスク２」と呼ばれる停戦合意がなされたが、今回は先の合意よりも短期間のうちに戦闘が再開した。「ミンスク２」では東部二地域に幅広い自治権を認める「特別な地位」を与えることと、この地域からの「外国の武装勢力の撤退」がうたわれていたが、そのどちらも実現しなかった。「特別な地位」の付与にかんしては、ウクライナ国内に当初から強い反対があり、一九年に大統領となったゼレンスキーがこれを履行せず、反古にした。またロシアも軍を撤退させなかった。一五年二月十五日の停戦発動の直後にドネツィク市東方にあり、道路と鉄道の交差する要衝のデバルツェボ市で戦闘が再開された。この戦いも二月十八日、ウクライナ軍が市を撤退し、「ドネツク人民共和国」側が勝利した。ウクライナ側が発表したウクライナ軍の死者は二六七人だが、実際にはこれを遥かに上回るとの見方がある。民間人の死者も多いと報道された。このときの戦闘でロシア側は偵察ドローンを使って効果的にウクライナ軍を損耗させたといわれている。

オデーサ(オデッサ)でも親ロシア派と親政府派の住民のあいだで激しい衝突が起こった。二〇一四年五月二日、親政府派の一五〇〇人のデモ隊に対して親ロシア派が攻撃し、市中心部で火炎瓶を投げ、バリケードを築いて闘った。劣勢だった親ロシア派が、労働組合庁舎に退却したが、火炎瓶攻撃によりこの建物は炎上し、三一人の犠牲者がでた。銃撃もおこなわれ、この衝突による犠牲者は合計四三人に達した。

ロシアのウクライナ侵攻

二〇一九年の大統領選挙の決戦投票では、現職のポロシェンコがヴォロディーミル・ゼレンスキーに敗れた。ゼレンスキーの得票率は七三・二二%であった。一九七八年、東部クリヴィー・リーフ(クリヴォイ・ローグ)生まれで、俳優としてテレビドラマに出演し、広く人気があった。ユダヤ系であることを明らかにしている。これまでウクライナの大統領選挙では東部と西部で支持が分かれることが多かったが、ゼレンスキーはどちらでも多数の支持をえた。リヴィウ州でのみ、ポロシェンコに敗れたが、東部、南部を含む残りすべての州で勝利した。なお、クリミアと二つの「人民共和国」の地域では投票はおこなわれなかった。二〇一九年五月二十日に大統領に就任し、この年の七月二十一日におこなわれた議会選挙でもゼレンスキーがつくった新しい「国民の僕《しもべ》」党が過半数を上回り、ゼレンスキー政権は安定して出発したかにみえた。

ゼレンスキーは大統領選挙のあいだ、「ドネツク人民共和国」、「ルガンスク人民共和国」との戦闘について、軍事力で解決することは、非現実的でウクライナを損耗させるだけだと述べ、クリミアについても「ロシアの政権交代を待つ」とした。ロシア連邦と協議して、戦争を終わらせたい、との希望的観測を表明した。しかしこの融和路線にたいしては、国内から強い反発を受け、公約であった汚職・腐敗の撲滅、経済の上向きも実現せず、支持率は急落した。二〇一九年九月には六〇%台、十一月には二九%にまで落ち込んだ。二一年一月にアメリカでジョー・バイデンが大統領に就任した。ゼレンスキーは、支持率の回復をはかって、融和路線を棄却し、クリミアのロシアからの奪還を主張し始めた。これはミンスク合意の事実上の破棄であった。G7もクリミア併合七年の節目である二一年三月十八日にロシアを非難する声明を発表し、クリミア半島がウクライナ領であることを確認した。ゼレンスキー大統領は、バイデン大統領と電話会談をおこない、ロシアの脅威に対してアメリカのウクライナ支援の約束をとりつけた。

ロシアは二〇一四年以来、ウクライナとの国境付近で演習をおこないながら軍隊を集結させてきた。二一年までにその勢力は一〇万人に達したとEUは見積もりを公表した。ロシアとの緊張が高まるなか、ウクライナはトルコ製ドローンの提供を受け、ドンバスでの戦闘に利用し始めた。欧米は攻撃用ドローンの使用、さらには自国での生産についてウクライナ側に危惧を表明したが、ゼレンスキーは、ドローンはウクライナの防衛能力を強化するとしてとりあわなかった。

二〇二二年二月、ロシアはベラルーシとの合同軍事演習のためと称してウクライナ北部国境付近に大規模な部隊を集結させた。これにたいし米軍の部隊がウクライナに近接する東欧諸国に配備され、緊張が一層高まった。ロシアは二月二十一日に、「ドネツク人民共和国」と「ルガンスク人民共和国」を国家承認した。二月二十四日、ロシアはウクライナへの軍事侵攻を開始した。ロシアとウクライナの戦争が始まったのである。

二月二十四日早朝、ロシアは「特別軍事作戦」と称して、ウクライナ侵攻を開始した。ロシアのプーチン大統領は、ロシアは、ウクライナの「非軍事化と非ナチ化」を求めていると述べた。ロシア軍は、キーウに砲撃を加え、チョルノービリ原子力発電所を、その警護部隊と交戦のあと、施設一体およびプリピャチ市を占拠した。ベラルーシとの国境のセンキフカからも軍事車両がウクライナにはいった。また黒海でも数隻の外国籍の貨物船がロシア軍のミサイル攻撃を受けた。ロシア軍は黒海に面したマリウポリに上陸し、同じく港湾都市オデーサ周辺では、ロシアのミサイル攻撃により、一八人の死者がでた。ロシアは東、北、南の三方向から侵入したことになる。

ウクライナのゼレンスキー大統領は前日の二月二十三日に、非常事態を宣言していたが、二十四日早朝、戒厳令を布告した。さらに同日、十八歳から六十歳までのすべてのウクライナ人男性の動員を命じて、その年齢層の男性のウクライナ出国を禁止した。

二月二十五日、ロシア軍はキーウ郊外にあるホストーメリ空港を制圧し、そこに駐機していた世界最大の輸送機An-225(アントーノフ)を破壊した。この戦闘でウクライナ兵士二〇〇人が死亡した。キーウ近郊のイルピンとブチャ両市でも激しい戦闘がおこなわれた。ブチャ市は、二月二十七日から三月三十日まで、ロシア軍により占領された。ロシア軍撤退後、市内で、多くの殺害された死体や集団墓地への埋葬が発見・確認された。ブチャ市長フェドルクによると、犠牲者は三二〇人だという。市内にはいったフランス通信社(AFP)の映像をともなう報道は世界に衝撃を与えた。ウクライナのゼレンスキー大統領は、これをロシア軍による「戦争犯罪」であると、国際連合の安全保障理事会でロシアを非難した。二月二十六日には、キーウの南、ヴァシリキーウ空軍基地をめぐって、激しい戦闘がおこなわれた。なおこの戦闘にチェチェン共和国の大統領であった、ラムザン・カディロフの部隊がロシア側の軍隊に加わっていた、と報道された。ロシア軍はキーウ市内に突入し、北部のオボロン地区にはいった。しかしウクライナ軍はロシア軍をキーウ周辺から押し戻し、ロシアによるキーウの包囲は失敗した。ロシア軍はキーウにたいして、ミサイル攻撃を集中させ、市内の多くの建物が砲撃の被害を受けた。三月一日には市中心部にあるテレビ塔が攻撃を受け、倒壊はまぬがれたものの一部の国営放送が停止した。この映像は世界に流された。三月四日には、ヨーロッパ最大のザポリージャ(ザポロージエ)原子力発電所が、ロシア軍により制圧、占領された。同年九月十九日には、ミコライフ州の南ウクライナ原発がロシアのミサイル攻撃を受けたと報道された。

ロシアのウクライナ侵攻の直後、激しい戦闘が繰り広げられたのはマリウポリであった。マリウポリは、ウクライナのドネツィク州の南部、アゾフ海に面した港湾都市で、ドンバスとクリミアをつなぐ沿岸回廊にある要衝である。近くに、クリヴィー・リフ鉱山とドネツ炭田があり、古くから鉄鋼の生産地であった。ウクライナ有数の工業都市である。巨大な製鉄所が三つあり、アゾフスタリ製鉄所は三番目の規模を誇っている。市の住民は、ウクライナ人とロシア人が、それぞれ半数近くで拮抗しているが、ロシア語話者が圧倒的に多い。なお、ギリシア人(ポントス・ギリシア人と呼ばれる)が二万人あまり住んでいる。「ドネツク人民共和国」のなかにある、この町とその中のアゾフスタリ製鉄所での籠城戦、広大な製鉄所に依拠する、通称アゾフ連隊(二〇一四年九月までの呼称は、アゾフ大隊。正式には、ウクライナ国家親衛隊に所属するアゾフ特殊作戦分遣隊)との戦闘は、この戦争のなかでもひときわ凄惨なものとなり、世界中に報道された。戦闘は二〇二二年二月二十四日から始まった。二月二十五日、ロシア軍は市内への砲撃を開始、二十六日にギリシア政府はギリシア人一〇人がロシア軍の攻撃で死亡した、と発表した。三月九日には、ロシア空軍により、市内の小児科・産科病院にたいして空爆がおこなわれ、二〇人以上の死傷者がでた。ロシア側はこの病院が、アゾフ連隊の基地になっていた、と主張した。さらに三月十六日には、やはり市内にあったドラマ劇場が空爆された。劇場にはマリウポリ市民およそ一〇〇〇人が避難していたといわれ、正確な数はわからないが、マリウポリ市議会の発表では、三〇〇人の犠牲者がでた。三月二十日には、市の芸術学校も爆撃を受けた。犠牲者の数は不明、とされた。マリウポリに残されたウクライナ側の勢力は、アゾフスタリ製鉄所の、約二〇〇〇人のみとなった。ロシア側は、攻撃の際、白リン弾を使用したと報じられている。五月十六日、ウクライナ側は投降し、ロシア軍の捕虜として、ロシアの支配地域に移送された。その後の捕虜にかんしては一部が捕虜交換(同年五月)で釈放されたが、それ以外については情報がない。

マリウポリ市は三カ月近い砲撃により、町が消滅したといわれるほど破壊され、民間人の死者は、ヒューマン・ライツ・ウオッチ(アメリカのニューヨークに本部がある人権NGO)が同市幹部の推計として三〇〇〇人を超えると明らかにしたが、実際の犠牲者はそれよりも多いのではと考えられる。アゾフスタリ製鉄所の陥落、マリウポリ市のロシア支配は、ロシアにとっては大きな勝利、ウクライナにとっては受け入れがたい敗北となった。ウクライナ側からの南部の回復は、当面可能性がなくなった。二〇二二年四月十四日、ロシアの黒海艦隊の旗艦であった「モスクワ」がウクライナ軍の対艦ミサイルで撃沈された。「モスクワ」は最大乗員五一〇人の大型巡洋艦で、ウクライナの守備隊が配置されていた黒海西部にあるズミイヌイ島の攻撃にあたっていた。これによって、ロシアの艦船はウクライナ側の沿岸から遠ざかったといわれている。

マリウポリののち、戦局の焦点は、ウクライナ東部ルハンスク州の西部に位置する、人口約一〇万人の都市、セヴェロドネツク市に移った。ここでの戦いは、二〇二二年二月から始まり、六月九日の段階で、ルハンスク州知事ハイダイは、セヴェロドネツク市の九〇%以上が、ロシア軍の支配下にあると述べた。この市は、六月二十五日にロシア軍によって占領された。市の人口は、二〇二一年には一〇万人を超えていたが、二〇二二年七月八日に市内に残っていた市民は、八〇〇〇人だった。ドネツ川を挟んで、セヴェロドネツク市の対岸にあるリシチャンシク市も七月二日にロシア軍と「ルガンスク人民共和国」軍に制圧された。ドネツィク州の北部に位置するリマン市では、二二年九月十日から十月二日までによって占領された。ドネツィク州の北部に位置するリマン市では、二二年九月十日から十月二日まで戦闘がおこなわれた。同市の大部分は、五月下旬からロシア軍によって占領されていたが、十月初めにウクライナ軍により奪還された。二三年二月、ロシア軍が、ふたたび攻撃をおこなっている。やはりドネツィク州北部の要衝バフムートでは、二二年五月十七日からロシア軍の砲撃が始まった。その後、夏から秋、そして冬にはいってからも激戦が続いている。バフムートを攻めるロシア軍の主力は民間軍事会社である「ワグネル（ワグナー）・グループ」だった。全体的にロシア軍の撤退が続くなかで、バフムートではロシア側の優勢が伝えられている。バフムートの近くの岩塩の産地ソレダルも二三年一月にロシア軍の激しい攻撃を受けた。バフムート近くのクレミンナ、ドネツィク近くのヴフレダルも、二〇二三年二月に砲撃された。バフムートは、市の一部がロシア軍に制圧されたと、二〇二三年三月に報道された。

ドネツィク州北部のクラマトルスクでは二〇二二年四月八日に、ロシア軍の攻撃が予想される市から避難しようとして、多くの市民が駅に集まっているところにロシア側から発射されたとみられる弾道ミサイルが駅上空で爆発し、五〇人以上が死亡するという悲劇が起きた。

ウクライナ北東部に位置し、ロシアとの国境線からわずかに三〇キロしか離れていないハルキウやその近くのイジュームでは、戦争開始直後から激しい戦闘がおこなわれた。ウクライナ第二の都市ハルキウでは、二〇二二年二月二十四日の開戦初日から市内への砲撃が始まり、三月には州庁舎と核研究施設を擁する国立物理技術研究所がミサイル攻撃を受けた。三月八日までに六〇万人以上の市民が鉄道で市外に避難した。しかし、四月にはいると、ウクライナ側の反撃が開始された。三月三十一日にはウクライナ国境の北四〇キロに位置するロシアの都市ベルゴロドにおいて石油基地の爆発が発生した。五月十六日、ウクライナ側はロシア軍を国境まで撤退させた。二三年二月五日、ハルキウ大学の建物がロシアのミサイル攻撃によって破壊された。

イジュームはハルキウ州の南東の都市で、ドネツ川の両岸に位置し、ドンバスへの玄関口となる交通の要衝である。イジュームをおさえれば、マリウポリを含む南への拠点となり、ドンバスへの攻撃にとっても戦略的に重要な地点であるため、非常に激しい戦闘が繰り広げられた。イジュームへのロシア軍の攻撃は、二〇二二年二月二十八日から始まった。四月一日にはロシア軍がイジューム市をいったん制圧した。このときの戦いで、市内の住宅の八〇％が破壊された、という。しかし、その後九月にはいると、ウクライナ側が大規模な軍事攻勢を展開し、九月十四日までにロシア軍は撤退した。

クリミア半島の北に位置するヘルソン州は、開戦直後の二〇二二年三月にロシア軍に占領され、九月三十日にロシアに「編入」されていたが、ウクライナ軍が反撃攻勢を続け、十一月九日にロシア軍はドニプロ河西岸から撤退し、ヘルソン市も放棄し東岸に退いた。

二〇二二年九月二十一日、ロシアは予備役三〇万人の動員令を発表した。九月三十日、ロシアはウクライナの四州、ドネツィク、ルハンスク、ザポリージャ、ヘルソンの「併合」を宣言し、それぞれの代表と条約に調印した。同日、ウクライナのゼレンスキー大統領は、ＮＡＴＯへの加盟を正式に申請すると述べた。これにたいし、アメリカのサリバン大統領補佐官は、「別の時期にとりあげられるべきだ」と語った。

十月八日、アゾフ海と黒海のあいだのケルチ海峡にかかるクリミア橋（道路部分は二〇一八年、鉄道部分は二〇一九年完成）で、爆発事件が起こり、一部通行が困難となった。翌日、ロシアはこれにたいする報復として、ウクライナ全土に大規模なミサイル攻撃をおこなった。続いて、ロシアはすでに「併合」を宣言していたドネツィク、ルハンスク、ザポリージャ、ヘルソンの四州に「戒厳令」を布くと発表した。

ザポリージャ州では原発の占拠以外に、モロチナ川右岸に位置するメリトポリ市をめぐっての戦闘がおこなわれた。二〇二二年二月二十五日、ロシア軍は市を完全に占領した。同市にはロシア軍が兵站基地をおいていたが、二二年十二月にウクライナ軍がそれを攻撃した。

西ウクライナの中心都市リヴィウにもロシアのミサイル攻撃がおこなわれ、ロシア軍の攻撃による被害はウクライナ全土に及んでいる。発電所等の電源インフラへの攻撃も繰り返され、全国で停電がしばしば、かつ長期にわたって発生している。電気、水道、ガス等の供給停止が広範囲に頻発し、市民の生活の困窮が伝えられている。

ウクライナ側からの、ロシアの空港など軍事施設等への攻撃も数回おこなわれた。二〇二二年秋から冬にかけてウクライナの反攻が続いている。戦争は、始まってから一年、二〇一四年から数えれば九年になる。

ウクライナとロシアの戦争は、十八世紀以降、今回を含めて四回目である。第一に、バルト海の制海権をめぐりスウェーデンとロシアが、その他の多くの国を巻き込んで争った大北方戦争で、スウェーデン国王のカール十二世と同盟したウクライナ・コサックの指導者マゼッパとロシアのピョートル大帝が戦った。一七〇九年七月八日、ウクライナのポルタヴァでおこなわれた戦いでロシアが完勝し、マゼッパはモルダヴィアに逃亡し、ベンデリで病死した。カール十二世は、スウェーデンに帰国したのち一七一八年十一月三十日に、ノルウェーとの戦闘の最中に戦死した。マゼッパについては、プーシキンの物語詩『ポルタヴァ』、チャイコフスキー作曲のオペラ『マゼッパ』、ユーゴーの叙事詩『マゼッパ』、フランツ・リスト作曲の『マゼッパ』、バイロンの詩『マゼッパ』などが知られている。

第二のロシアとの戦争は、ロシア革命直後に起こった。一九一七年のロシア革命では、ウクライナで自治の機運が高まり、ロシアでボリシェヴィキが政権を握ると、ウクライナ人民共和国(中央ラーダ)により独立が宣言された。中央ラーダの議長には歴史家のフルシェフスキー、首相には作家のヴィンニチェンコが就任した。しかし、アントーノフ・オフセエンコ率いる、ロシアの赤軍が侵攻し、学生を主体とするウクライナ側は、キエフ近郊のクルティの戦いで敗北し、キエフは占領された。ともにロシアに攻め込まれ支配されたが、ウクライナ・コサックや中央ラーダは、現在のウクライナ国家の政治的、歴史的正当性の根拠のひとつになっている。

第三の戦いは、第二次世界大戦中にソ連やナチス・ドイツにたいしてゲリラ戦を展開したウクライナ蜂起軍(UPA)によるものだ。戦後もウクライナ西部で、ソ連に抵抗を続けた、指導者のひとり、バンデラは現在のウクライナ民族主義につながる人物だ。彼は、一九四一年六月三十日に、ウクライナの独立を宣言したが、直後の七月五日にドイツ軍に逮捕され、終戦までドイツのザクセンハウゼン強制収容所に収容された。彼は、そこでドイツとの協力を拒否したことが知られている。その名を冠した「バンデラ派」という言葉は、ソ連時代から、ロシアでは「ナチ協力者」という最悪の罵り言葉になっている。彼は戦後、ドイツで亡命生活をおくっていたが、一九五九年KGBの刺客スタシンスキーによってミュンヘンで暗殺された。独立後、第三代の大統領ユーシチェンコは、二〇一〇年にバンデラに「ウクライナ英雄」の称号を授与した。これにたいしては国内外から反発も多かった。ロシアのプーチン大統領はしばしば、「バンデラ派」を非難し、ゼレンスキー政権を「ネオナチ」と呼んで、ウクライナの「非ナチ化」を戦争の目的のひとつにしている。

二〇二二年二月二十四日にロシアのウクライナ侵攻によって始まった、四度目の戦争は、多くの犠牲者と被害、損害をだしながら、本稿執筆時の二三年二月も続いている。欧米、日本などはロシアにたいしてさまざまな制裁を課し、ウクライナには、支援を実行している。国連は、ロシアが安全保障理事会の常任理事国であるため、効果的な行動をとれないでいる。トルコ等を仲介にした、停戦交渉もおこなわれたが、戦争は続いている。

2 ベラルーシ

シュシケヴィチ政権

ベラルーシでもペレストロイカ末期に独立を標榜する組織が登場した。一九八八年十月、ジアノン・パズニャクを議長とするベラルーシ人民戦線が結成され、その後一貫して政治的反対派の中心的組織となった。九〇年一月にはほかの共和国にやや遅れて、言語法が議会で採択され、ベラルーシ語を公用語と規定した。しかし、ソ連時代ベラルーシではほかの共和国のどこよりもロシア(語)化が進んでおり、ベラルーシ語は都市ではほとんど聞かれることがなく、言語法は実際には効果をもたらさなかった。九〇年三月に最高会議の選挙がおこなわれたが、ベラルーシ人民戦線の候補者は二六〇人のうちわずかに八人しか当選できなかった。

一九九〇年七月、ベラルーシ最高会議は、主権宣言を採択した。この主権宣言では、ベラルーシが非核地帯であることが宣言された。ベラルーシはチョルノービリ原発事故の被害をもっとも受けたところであり、その経験が反映されたのである。さらに主権宣言では国際関係における中立維持もうたわれた。九一年九月には、国家元首に相当する最高会議議長に、ベラルーシ人民戦線派のシュシケヴィチが選ばれ、九〇年四月以来首相を務めていたケビチとともにベラルーシの指導者となった。

シュシケヴィチはロシアのエリツィン、ウクライナのクラフチュークとともに、ソ連邦の解体、CISの結成に参画したが、CISの統合強化には消極的な態度をとった。彼は、CISの集団安全保障協定の調印を、九二年五月拒否して、その協定調印に積極的な最高会議と対立した。最高会議は九三年四月に、CISの集団安全保障協定への調印を圧倒的多数で決議し、シュシケヴィチは再度その調印を拒否し、議会との対立は決定的となった。ベラルーシ経済はウクライナ同様、独立後、深刻な生産の落ち込みとハイパーインフレを経験していたが、深まる経済危機もシュシケヴィチ政権の立場を弱くした。九四年一月、シュシケヴィチと議会多数派の対立は、シュシケヴィチの解任という結末をむかえた。責任を同時に問われたケビチ首相はかろうじて解任をまぬがれた。

ベラルーシ最高会議は一九九四年三月新憲法を採択し、ベラルーシは大統領制国家に移行することとなった。ケビチ首相はその一カ月後の九四年四月、ロシアのチェルノムイルジン首相と、両国のあいだで自由貿易圏とルーブル圏創設に合意する協定に調印した。これはいったん、ルーブル圏から離脱したベラルーシが、ロシアとの経済統合へと向かう嚆矢《こうし》となった。ベラルーシでは、独立後発行されていたクーポンが廃止され、ルーブルがふたたびベラルーシの通貨として復活した。

ルカシェンコ政権

一九九四年六月、はじめての大統領選挙において検事出身のアレクサンドル・ルカシェンコ（ベラルーシ語ではルカシェンカ）が、ケビチ首相、シュシケヴィチ前最高会議議長、パズニャク人民戦線議長を破って初代の大統領に当選した。ルカシェンコは、ロシアとの再統合路線を推し進め、九五年二月には、ロシアのエリツィンとのあいだで、両国の基本条約である友好協力条約に調印した。この条約には両国の国境の共同防衛などの協定も付属していた。

一九九五年五月、ルカシェンコ大統領は、国民投票をおこない、(1)ロシア語の国家語への昇格、(2)

新しい国旗と国章の制定、⑶ロシア連邦との経済統合、⑷議会が憲法違反を犯した場合に大統領に議会解散権を与えること、を問うた。国民投票では圧倒的多数でこのすべての問題が承認された。大統領は国旗をソヴィエト時代のものに戻した。また同時におこなわれた最高会議選挙では、旧共産党系が第一党となり、議会内でも親ロシア、ロシアとの再統合派が多数を占めた。

ベラルーシとロシアの再統合は、さらに進み、一九九七年四月にはベラルーシ・ロシア連邦条約が調印され、両国は国家的統合の段階に進んだ。経済のみならず、政治・軍事統合に進むことによってベラルーシ側としては、壊滅的な状況にある経済の建て直しをロシアとの統合のなかに活路をみいだそうとする意図があり、ロシア側にはベラルーシとの統合がロシアにとって経済的重荷になるとする警戒感もある一方、ベラルーシをロシア・ブロックに取り込むことによってNATOの東方拡大に対抗しようとする意図がその背景にあると考えられる。ベラルーシとロシアの統合が進んだことによって、CIS自体も変貌をとげている。それはCIS内部に、CISの統合強化に積極的な部分(ロシア、ベラルーシ)とそれに消極的な部分が明確にあらわれ、CIS自体が分裂状況となり、CIS内部にミニCISが登場してきたからである。

ルカシェンコ政権は、その登場直後から、マスコミの検閲を強化し、外国報道陣にたいする規制を強化し、反対派のデモを強圧的に弾圧するなど、国内の強権支配に乗り出した。人民戦線の活動家や反対派の学生にたいしては、違法な逮捕や拘禁を繰り返している。西側諸国は、ルカシェンコ政権の独裁的強権支配と人権弾圧にたいして抗議し、ベラルーシの急速なロシア接近にたいしても警戒感を強めている。このようにベラルーシでは、経済再建以外に、国内の民主化が課題となっているのである。

ルカシェンコは、二〇二〇年八月の大統領選挙で六選をはたしたが、欧米では、選挙不正を疑うものもおり、「ヨーロッパ最後の独裁者」と称されることもある。ロシアとウクライナの戦争では、ロシア支持を鮮明にし、欧米からの制裁を受けている。大統領選挙に対立候補として立候補したひとりである、スヴャトラーナ・ツィハノフスカヤは選挙後に弾圧を逃れてリトアニアに亡命した。なおベラルーシでは、ジャーナリストのスヴェトラーナ・アレクシエーヴィチが、『戦争は女の顔をしていない』(一九八五年)などの作品により、二〇一五年のノーベル文学賞を受賞している。

執筆者紹介

中井 和夫《なかい かずお》
1948年生まれ。東京大学大学院博士課程単位取得退学
東京大学名誉教授
主要著書：『ソヴィエト民族政策史』(御茶ノ水書房 1988)，『連邦解体の比較研究』(共著，多賀出版 1998)，『ウクライナ・ナショナリズム』(東京大学出版会 1998，復刻版 2022)

■索　　引

人名索引

●アーオ

●ナ一ノ

●ハ一ホ

事項索引

●マ―モ

●ヤ―ヨ

●ラ―ロ

■写真引用一覧

1……Mykhailo Hrushevs'kyi, *Iliustrovana Istoriia Ukrainy*, Kyiv, 1992.
2……Orest Subtelny, *Ukraine*, the University of Tronto Press, 1988.
3……Michael F. Hamm, *Kiev A Portrait. 1800-1917*, Princeton University Press, 1993.
4……A. V. Belash i V. F. Belash, *Dorohy Nestora Makhno*, Kiev, 1993.
5……Solomea Pavlychko, *Letters from Kiev*, New York, St. Martion's Press, 1992.
6……V. K. Baran, *Ukraina Pislia Stalina. Narys Istorii 1953-1985 rr.*, L'viv, 1992.

p.25——石川正司撮影
p.43——1, p.235
p.53——1, p.293
p.64——2, p.336
p.65——3, p.30
p.73——2, p.336
p.82——2, pp.452-453
p.89——4, pp.560-561
p.100——2, pp.452-453
p.104——2, pp.572-573
p.113——2, pp.572-573
p.119——5, pp.74-75
p.125——6, pp.64-65

『新版　世界各国史二〇　ポーランド・ウクライナ・バルト史』
一九九八年十二月　山川出版社刊

YAMAKAWA SELECTION

ウクライナ・ベラルーシ史《し》

2023年5月20日　第1版1刷　印刷
2023年5月30日　第1版1刷　発行

著者　中井和夫
発行者　野澤武史
発行所　株式会社山川出版社
〒101-0047 東京都千代田区内神田1-13-13
電話03(3293)8131(営業)8134(編集)
https://www.yamakawa.co.jp/
振替 00120-9-43993
印刷所　株式会社太平印刷社
製本所　株式会社ブロケード
装幀　水戸部功

 ISBN978-4-634-42405-0